Excel／Googleスプレッドシートで学ぶ
# データサイエンスの基礎

著者：徳野 淳子・田中 武之・谷川 衝

# はじめに

ビッグデータをはじめとして様々な分野でデータの利活用が進む現在，文理問わず，デジタル社会の素養として「数理・データサイエンス・AI」の基礎知識や技能が求められている．また，2021 年度に，内閣府，文部科学省および経済産業省が「数理・データサイエンス・AI 教育プログラム認定制度（リテラシーレベル）」を創設して以降，多くの大学でデータサイエンス教育が進んでいる．

本書は，数理・データサイエンス教育強化拠点コンソーシアムが公表している「数理・データサイエンス・AI（リテラシーレベル）モデルカリキュラム〜データ思考の涵養」の「基礎（2. データリテラシー）」で示されている「データを適切に読み解く力」「データを適切に説明する力」「データを扱うための力」を養うことを目的としたものである．主に大学 1 年生を対象に，初学者にも扱いやすいスプレッドシート（Microsoft Excel や Google スプレッドシート）を用いてデータサイエンスの基礎を学習する．序盤では，スプレッドシートの使い方やオープンデータの利用方法を通して，データの扱い方を学習する．中盤では，高等学校までの情報教育との接続として，データの可視化や基本統計量についてより理解を深めていく．そして終盤では，代表的な確率分布を取り上げ，統計学への理解を深める構成としている．

大学の演習の授業で利用することを想定し，半期 15 回の授業で終了するように全 12 章構成とした．全 12 章としたのは，授業が本書を読むだけに留まるのではなく，実社会のデータを使った分析やそこから得られた結果をグループで考察する等，より実践的な学習回を設けることを想定しているためである．章末にもいくつか問題を用意したので，それを利用されるのもよい．

近年，多くの大学では，自分のパソコンを持ち込んで学習する BYOD が進み，学生が使用する端末が多様化している．また，コロナ禍以降，教育機関において Microsoft 365 や Google Workspace for Education の導入も進んだ．このような現状を踏まえ，本書では，Microsoft Excel でも Google スプレッドシートでも扱える共通の機能を中心に説明している．

また，ChatGPT をはじめとした生成 AI の台頭により，これまでスプレッドシートで行ってきた作業が生成 AI で代替または簡略化できるようになってきている．一方で，誰でも利用できる無料版は，有料版に比べると機能に制限がある．本書では，無料版の機能を中心に，データ分析における生成 AI の活用方法についても触れられているが，生成 AI は現在，急速に進歩しているため，本書の内容は 2024 年 12 月時点のものであることに注意されたい．

本書を通じて，スプレッドシートの活用や，実践的なデータ分析を学び，データサイエンスの基礎を身に付けていただけることを期待している．

2024 年 12 月
著者を代表して 徳野 淳子

## 付録データについて

　本書では，いくつかの例題で付録データを使用している．このデータは，近代科学社ウェブサイトの本書のページ (https://www.kindaikagaku.co.jp/book_list/detail/9784764961012/) からダウンロードできる．

# 目次

はじめに .................................................................... 3
付録データについて ................................................... 4

## 第1章　スプレッドシートの基本操作

1.1　Excel ／ Google スプレッドシートの基本操作 .................... 10
1.2　データ入力と四則演算 ............................................. 11
1.3　表計算（相対参照と絶対参照） ................................... 14
1.4　生成 AI の利活用 .................................................. 15
1.5　演習問題 ........................................................... 17

## 第2章　データの利活用

2.1　データの種類（質的データと量的データ） ....................... 20
2.2　オープンデータの利用 ............................................. 21
2.3　データの取り込み .................................................. 23
2.4　データの並べ替え .................................................. 25
2.5　集計・基本的な関数 ............................................... 26
2.6　演習問題 ........................................................... 28

## 第3章　データの可視化の基礎

3.1　スプレッドシートによるグラフ作成 .............................. 32
3.2　グラフの種類と目的 ............................................... 34
3.3　見やすいグラフの書き方と不適切なグラフ表現 .................. 38
3.4　生成 AI を用いたグラフ作成 ..................................... 40
3.5　演習問題 ........................................................... 41

## 第4章　データの可視化の応用

4.1　ヒストグラム ...................................................... 44
4.2　散布図 ............................................................. 46
4.3　対数グラフ ........................................................ 48
4.4　演習問題 ........................................................... 49

## 第5章　母集団と標本抽出・代表値・外れ値

5.1　母集団と標本抽出 .................................................. 52
5.2　平均値 ............................................................. 52
5.3　中央値 ............................................................. 53
5.4　最頻値 ............................................................. 54
5.5　外れ値の影響 ...................................................... 54
5.6　演習問題 ........................................................... 55

5

# 第6章　データのばらつき・箱ひげ図

| | | |
|---|---|---|
| 6.1 | 分散 | 58 |
| 6.2 | 標準偏差 | 59 |
| 6.3 | 四分位範囲 | 59 |
| 6.4 | 箱ひげ図 | 60 |
| 6.5 | 演習問題 | 62 |

# 第7章　正規分布

| | | |
|---|---|---|
| 7.1 | 正規分布の特徴 | 66 |
| 7.2 | データの標準化 | 68 |
| 7.3 | 歪度と尖度 | 68 |
| 7.4 | 演習問題 | 70 |

# 第8章　多次元データと相関係数・回帰直線

| | | |
|---|---|---|
| 8.1 | 2次元量的データの可視化と散布図 | 72 |
| 8.2 | 2次元量的データの記述統計量と相関係数・回帰直線 | 73 |
| 8.3 | 多次元量的データの可視化とコーナープロット | 75 |
| 8.4 | 演習問題 | 79 |

# 第9章　クロス集計・相関と因果

| | | |
|---|---|---|
| 9.1 | クロス集計 | 82 |
| 9.2 | 相関係数行列 | 85 |
| 9.3 | 疑似相関 | 87 |
| 9.4 | 相関関係と因果関係 | 88 |
| 9.5 | 演習問題 | 89 |

# 第10章　モンテカルロ法

| | | |
|---|---|---|
| 10.1 | 一様乱数の生成とその可視化 | 92 |
| 10.2 | モンテカルロ法による円周率の計算 | 94 |
| 10.3 | 範囲が0から1以外の一様乱数 | 95 |
| 10.4 | 任意の分布に従う乱数の生成 | 96 |
| 10.5 | 演習問題 | 97 |

# 第11章　二項分布と正規分布

| | | |
|---|---|---|
| 11.1 | ベルヌーイ試行 | 100 |
| 11.2 | 二項分布 | 100 |
| 11.3 | 正規分布 | 104 |
| 11.4 | 二項分布の正規分布への収束 | 104 |
| 11.5 | 演習問題 | 106 |

# 第12章　ポアソン分布と正規分布

| | |
|---|---|
| 12.1　ポアソン分布 | 108 |
| 12.2　モンテカルロ法によるポアソン分布の生成 | 110 |
| 12.3　ポアソン分布の正規分布への収束 | 112 |
| 12.4　演習問題 | 114 |
| 参考文献 | 115 |
| 索引 | 116 |

# 第1章
# スプレッドシートの基本操作

　本章では，スプレッドシートの基本操作について学習する．スプレッドシートとは，表計算ソフトの総称であり，代表的なものに Microsoft Excel や Google スプレッドシートがある．ここでは，Excel と Google スプレッドシートの両者に共通する機能を中心に，データサイエンスを学ぶ上で必要なスプレッドシートの基本操作，生成 AI の利活用について学習する．

## 1.1　Excel／Googleスプレッドシートの基本操作

図 1.1, 図 1.2 に Excel 2021 と Google スプレッドシートの画面構成を示す[1]．スプレッドシートでは，1つのファイル（ワークブック）に複数のシート（ワークシートやグラフシート）を作成することができる．また，各シートは複数のセルから構成される．アクティブセルまたは，数式バーにデータや数式，関数を入力して処理を行う．図内に示した各用語の説明は以下の通りである．

(1) 名前ボックス：アクティブセルのセル番地が表示される．

(2) アクティブセル：データの入力・編集可能なセル．ダブルクリックまたは F2 キーを押すと入力できる．

(3) シート見出し：右クリックするとメニューが表示され，シート名の変更，シートの削除・コピー・移動ができる．シートを追加する場合は横の＋ボタンを押す．

(4) 数式バー：セルに入力された計算式や関数が表示される．

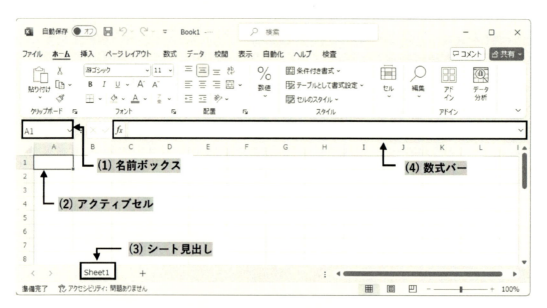

図 1.1　Excel 2021 の画面構成

---

1　以降，Excel という表記の操作画面は Excel2021 の画面を指す．

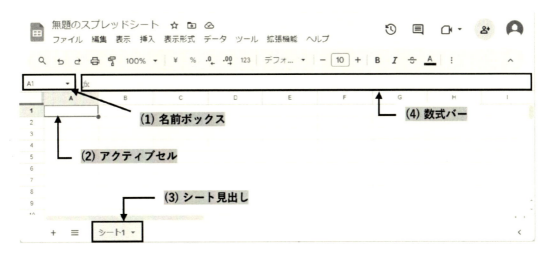

図 1.2　Google スプレッドシートの画面構成

**例題 1.1（ワークブックとシートの作成・名前の変更）**

(1) Excel または Google スプレッドシートで新しいワークブックを作成し，ファイル名を L1（Excel の場合は L1.xlsx）としよう．

(2) シート名を「L1-1 データ入力」に変更しよう．シート名の変更は，シート見出しを右クリックしてメニューから「名前の変更」を選んで変更する．

## 1.2　データ入力と四則演算

　アクティブセルには文字や数字の他，四則演算や関数を入れて自動的に計算することができる．数値や数式を入力するときは，半角で入力する[2]．図 1.3 に示すように，複数のセルに同じデータや日付などの連続したデータを入力する場合は，オートフィルを使うと便利である．これは，アクティブセルの右下隅をドラッグするとデータのコピーが，Ctrl キーを押しながらドラッグすると連続データの入力ができる機能である．

---

[2] Excel では全角で入力した数字や数式は自動的に半角に変換されるが，Google スプレッドシートでは全角のまま文字として処理されるため，注意されたい．

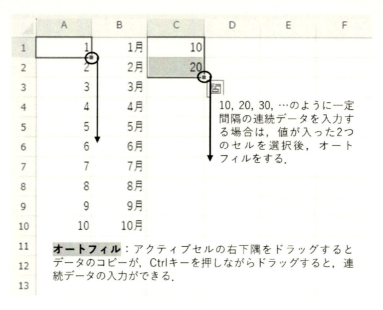

図 1.3　オートフィル

セルに数式を入力する場合は，必ず先頭に = を入力する．セルには計算結果が表示され，数式は数式バーから確認することができる．表 1.1 に基本的な算術演算子を示す．

表 1.1　算術演算子

| 演算子 | 意味 | 例 |
| --- | --- | --- |
| + | 足し算 | = 4 + 2 |
| - | 引き算 | = 4 − 2 |
| * | 掛け算 | = 4 * 2 |
| / | 割り算 | = 4 / 2 |
| ^ | べき乗 | = 4 ^ 2 |

数値をパーセント (%) で表す，3 桁ごとにカンマ ( , ) で区切る，日付の表示形式を変更する（例：2024-01-01, 2024 年 1 月 1 日など）場合は，セルの表示形式の変更から行うことができる．図 1.4，図 1.5 に示すように，Excel の場合は，ホームタブの「数値」グループまたは，右クリックメニューで「セルの書式設定」から行う．Google スプレッドシートの場合は，メニューの「表示形式」から行う．

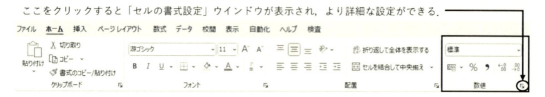

図 1.4　セルの書式設定（Excel の場合）

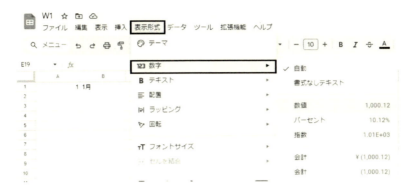

図 1.5 セルの書式設定（Google スプレッドシートの場合）

## 例題 1.2（データの入力とセルの書式設定，セル参照）

(1) シート「L1-1 データ入力」の空いているセルに図 1.6 のデータを入力しよう．

図 1.6 例題 1.2：X 大学の学生数

> **補足**
> 列番号（図 1.6 の場合は，F と G の間）にポインタを移動し，ドラッグまたはダブルクリックすると入力データに合わせたセルの幅に変更される．

(2) 「① 2020 年に入学した学生数」と「②全学生数のうち，B 学部生が占める割合」を，数式を使って求め，①は 3 桁ごとにカンマ区切りで，②は％表示で表してみよう．

(3) 例題 1.2 の①で，数式に直接値を入れてもよいが，それでは，データを変更するたびに数式も変更する必要がある．そのような場合，値が入力されたセルを参照して数式を入力する方法が便利である．これをセル参照という．セル参照を行うには，セル番地として，値が入っているセルの列名と行番号を指定する．例えば，図 1.6 の場合，2020 年に入学した A 学部の学生数：403 という値が入っているセルのセル番地は B3 と表される．(2) で入力した数式を，セル参照に変更しよう．

## 1.3 表計算（相対参照と絶対参照）

　表1.2に示すように，セル参照には相対参照，絶対参照，両者を組み合わせた複合参照がある．参照方法によってオートフィルをした場合に参照先が変わるので，注意が必要である．相対参照は，計算式が入力されたセルから見た相対的な位置関係をコピーするのに対し，絶対参照では，オートフィルをしても参照先が変わらない．例えば，図1.7に示すように，例題1.2のシートで以下の式を入力してオートフィルをすると，参照先が変わる．複合参照の場合の挙動も確認してみよう．絶対参照や複合参照は列名や行番号の先頭に$を付けるが，これは，F4キーからも入力することができる．

表1.2　セル参照

| 参照の種類 | 入力 |
|---|---|
| 相対参照 | A1 |
| 絶対参照 | $A$1 |
| 複合参照 | $A1, A$1 |

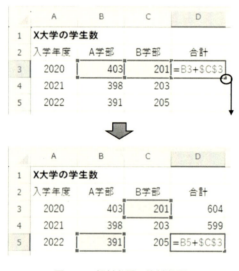

図1.7　相対参照と絶対参照によるオートフィルの結果の違い

### 例題 1.3（相対参照と絶対参照）

(1) 新たにシート「L1-2 相対参照と絶対参照」を追加し，図 1.8 に示す表を作成しよう．

図 1.8　例題 1.3：アルバイトの給与表

(2) D3 のセルに数式を入れ，オートフィルして各従業員の給与を求めよう．その際，アルバイト給与表の「平日の勤務時間」と「休日の勤務時間」「時給表」の参照の仕方を工夫しよう．

---

**補足**

図 1.8 では F2 と G2 の 2 つのセルを結合している．このように複数の行または列のセルを結合する際は，結合したいセルを選択してから，Excel では，「ホーム」タブの「配置」グループにある「セルを結合して中央揃え」のボタンを押す．Google スプレッドシートでは図 1.9 に示すボタンでできる．

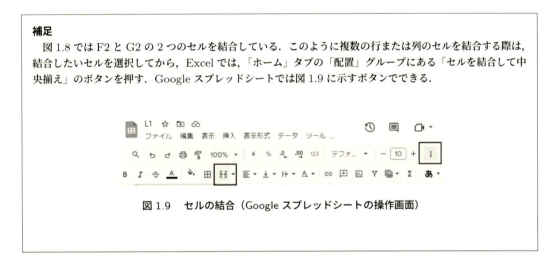

図 1.9　セルの結合（Google スプレッドシートの操作画面）

---

## 1.4　生成 AI の利活用

　近年，入力された質問やデータを AI が分析して，テキストや画像などで回答や分析結果を返す生成 AI が急速に進化している．スプレッドシートを用いたデータ分析においても，生成 AI を活用することで，効率的に作業を行うことができる．2024 年 12 月現在，Excel の拡張機能（アドイン）である ChatGPT for Excel[3] や有料版の ChatGPT Plus の標準機能 Advanced Data Analysis[4]，Microsoft の Copilot Pro[5] などを用いた連携方法があるが，ここでは，表 1.3

---

[3] Excel 上で ChatGPT を利用することができ，表やグラフを自動的に作成する AI 関数が提供されている．利用するには，ChatGPT の API（有料）が必要．

[4] Excel のファイルを読み込んで，自動的にデータの加工や分析，グラフ作成などを行うことができる．

[5] データからグラフやテーブルを自動的に作成する機能や関数を提案する機能などが提供される．利用するには，Microsoft 365 Personal などに加え，有料プランの契約が必要．

第 1 章　スプレッドシートの基本操作

に示す無料版の生成 AI を用いた連携方法について説明する.

表 1.3　無料で利用できる生成 AI（2024 年 12 月現在）

| サービス名 | URL |
| --- | --- |
| ChatGPT | https://chatgpt.com/ |
| Microsoft Copilot | https://copilot.microsoft.com/ |
| Google Gemini | https://gemini.google.com/ |

　生成 AI に与える指示文をプロンプトという. 例えば,「スプレッドシートのセル参照について教えて」というプロンプトを入力してみよう. そうすると, ここまで確認してきたような内容の回答が表示されるだろう. Excel や Google スプレッドシートにもヘルプ機能が用意されているが, 生成 AI を利用することで, より手軽かつ具体的に使い方を確認することができる.

　また, 生成 AI では, プロンプトの工夫や対話を重ねることで, 回答を洗練することができる. 先のプロンプトに続き,「初心者にも分かりやすく説明して」「具体例を挙げて説明して」「活用例を示して」などと入力して, 回答を確認してみよう.

## 例題 1.4（生成 AI を用いてスプレッドシートの使い方を確認する）

　例題 1.2 で扱った問題を ChatGPT などの生成 AI を用いて解いてみよう. 例えば, 図 1.10 のようなプロンプトを与えてみる. 回答が例題 1.2 で入力したものと同じであるかどうかを確認しよう.

```
以下のデータが与えられているとき, スプレッドシートを使って「全学生のうち, B学部生が占める割合」をセル参照
で求める式を教えて.
入学年度 A学部 B学部
2020   403 201
2021   398 203
2022   391 205
```

図 1.10　生成 AI にスプレッドシートの使い方を例示してもらうプロンプトの例

---

**補足**
プロンプトが複数行に分かれる場合, Windows パソコンでは [Shift]+[Enter] キーを押すとチャットボックス内で改行ができる.

---

　また, 図 1.11 のようにデータを入力し, 分析方法を調べることもできる.

**16**

以下のデータが与えられています．スプレッドシートを使って，このデータの特徴を読み解くにはどういう分析方法がありますか．

身体測定のデータ
番号 身長（cm） 体重(kg)
1 174.0 61.6
2 146.7 39.3
3 153.9 43.7
4 146.0 55.9
5 181.3 76.9

図 1.11　生成 AI にデータの分析方法を提案してもらうプロンプトの例

### 例題 1.5（生成 AI にデータの分析方法を提案してもらう）

付録データにある「L1-5 身体測定」というシートのデータをコピーして，図 1.11 のように ChatGPT などの生成 AI を用いてその分析方法を調べよう．

生成 AI はデータ分析を手助けしてくれるが，時に誤った情報を出力することもある．したがって，生成 AI にすべてを委ねるのではなく，あくまで作業の補助や参考として利用するのが望ましい．また，生成 AI に入力したデータは機械学習に利用される可能性がある．個人情報やプライバシーにかかわるデータ，秘匿性の高いデータは入力しない．

## 1.5　演習問題

(1) 自分の大学のホームページから学部や学科，学年ごとの学生数の情報が掲載されているページを探し，その情報をスプレッドシートで見やすい表にまとめよ．

(2) スプレッドシートに表 1.4 のデータを入力し，セルの書式を設定して指定された表示形式で表せ．

表 1.4　スプレッドシートに入力するデータ

| 入力する計算式または値 | 表示形式 |
|---|---|
| ① $300 - 673$ | $-373$ |
| ② $185 \times 10^2 \times 5^3$ | 2,312,500 |
| ③ $(1 + 5) \div 50$ | 12 % |
| ④ $13 + 23 \div 30 - 2 \times 6$ | 1.767 |
| ⑤ $\dfrac{33 + 4}{100} + \dfrac{1}{7}$ | 0.51 |
| ⑥ $9 / 26$ | 9 月 26 日 |

(3) 図 1.12 は，底面の半径が r(cm)，高さが h(cm) である円錐の体積を求める表を作成している途中である．

**17**

① シートにこれと同じ表を作成せよ．なお，円周率：$\pi$ は，=PI( ) と入力する．
② 円錐の体積 (V) は，$V = \frac{1}{3}\pi r^2 h$ で求まる．セル C3 にこの式を入力し，右および下方向に 2 回オートフィルすることで，表を完成せよ．その際，底面の半径および，高さはそれぞれセル C2，B3 を参照すること．

● ヒント：円錐の体積を計算する式において，セル C2，B3，B13 の参照の仕方を工夫する．

| | | A | B | C | D | E | F | G | H | I | J | K | L |
|---|---|---|---|---|---|---|---|---|---|---|---|---|---|
| 1 | 円錐の体積：V | | | 底面の半径：r (cm) | | | | | | | | | |
| 2 | (cm³) | | | 0.5 | 1 | 1.5 | 2 | 2.5 | 3 | 3.5 | 4 | 4.5 | 5 |
| 3 | | | 1 | | | | | | | | | | |
| 4 | | | 2 | | | | | | | | | | |
| 5 | | | 3 | | | | | | | | | | |
| 6 | 高さ：h | | 4 | | | | | | | | | | |
| 7 | (cm) | | 5 | | | | | | | | | | |
| 8 | | | 6 | | | | | | | | | | |
| 9 | | | 7 | | | | | | | | | | |
| 10 | | | 8 | | | | | | | | | | |
| 11 | | | 9 | | | | | | | | | | |
| 12 | | | | | | | | | | | | | |
| 13 | 円周率：π | 3.141593 | | | | | | | | | | | |

図 1.12　円錐の体積を求める表

(4) ChatGPT などの生成 AI を使って，以下の作業を行え．

① 相対参照と絶対参照の違いを理解するための例題を作成せよ．
② 作成された例題を，実際にスプレッドシートに入力して確認せよ．
③ グループで他の学生と回答を比較せよ．最も分かりやすい例題を 1 つ選び，その学生がどのようなプロンプトを入力したかを確認せよ．

(5) 例題 1.5 で例示された分析方法の中から 1 つ選び，生成 AI を使ってスプレッドシートを用いた分析方法を調べよ．またその分析方法を実際に試してみて，どのような結果が得られるか確認せよ．

# 第2章

# データの利活用

本章では，まず，身の回りにあるデータの種類を整理する．次に，代表的なオープンデータのウェブサイトを紹介し，そこで公開されているデータをスプレッドシートに取り込む方法を学習する．そして，それらのデータをスプレッドシート上で扱うための基本的事項として，データの並べ替えや簡単な関数を用いた集計方法を学ぶ．

## 2.1 データの種類（質的データと量的データ）

データは大きく質的データ（質的変数）と量的データ（量的変数）に分けられる（図2.1）．質的データとは，カテゴリーなど情報を分類・区分するためのデータであり，数値で表せないデータや，数値の間隔に意味がないデータを指す．例えば，血液型や電話番号，地震の震度などがこれに当たる．質的データでも，電話番号は数字の大小関係に意味はないのに対して，震度の場合は意味がある．単に分類や区分を表すデータを名義尺度，分類や区分の中で順序や大小関係に意味があるものを順序尺度という．

一方，量的データとは，数値で正確に表せる，計測・計算が可能なデータを指す．量的データのうち，温度や西暦など，数値の目盛間隔が等間隔になっているデータを間隔尺度という．また，身長や体重など，数値の間隔（差）に意味があるだけではなく，原点 (0) があり，比率計算もできるデータを比例尺度という．

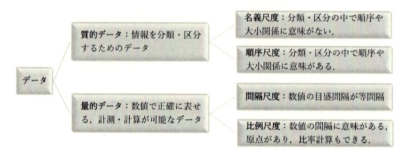

図 2.1　データの種類

**例題 2.1（データの分類）**

表2.1のデータを，質的データ（名義尺度，順序尺度），量的データ（間隔尺度，比例尺度）に分類してみよう．

表 2.1　データの例

| 出席番号 | 所属学科 | 学年 | 年齢 | 性別 | テストの得点 | 順位 | 欠席日数 |
|---|---|---|---|---|---|---|---|
| A01030 | A学科 | 1 | 18 | 女 | 97 | 5 | 0 |
| B02003 | B学科 | 2 | 19 | 男 | 93 | 10 | 0 |
| D04097 | D学科 | 4 | 21 | 女 | 71 | 64 | 2 |
| A03098 | A学科 | 3 | 21 | 女 | 98 | 3 | 1 |
| C11039 | C学科 | 1 | 19 | 男 | 88 | 25 | 1 |

## 2.2　オープンデータの利用

オープンデータ[1]とは，国や地方公共団体が保有しているデータのうち，誰でも無償で二次利用できるようにインターネットで公開されているデータを指す．代表的なものを表2.2に示す．

表 2.2　代表的なオープンデータ

| 提供機関：サイト名 | URL |
| --- | --- |
| 総務省統計局：政府統計の総合窓口 (e-Stat) | https://www.e-stat.go.jp/ |
| デジタル庁：中央行政のオープンデータポータル (e-Gov) | https://data.e-gov.go.jp/ |
| 気象庁：過去の気象データ・ダウンロード | https://www.data.jma.go.jp/gmd/risk/obsdl/index.php |
| 東京都：東京都オープンデータカタログサイト | https://portal.data.metro.tokyo.lg.jp/ |

また，広義の意味で，民間企業などその他の機関が研究目的やAIの機械学習を目的に公開しているデータを指してオープンデータということもある．オープンデータの中には，利用に際し，事前申請や出典の明示が必要など，ルールが定められているものもあり，利用規約などに従う必要がある．

ここでは，独立行政法人 統計センターが公開しているSSDSE（教育用標準データセット）(https://www.nstac.go.jp/use/literacy/ssdse/) を用いて，スプレッドシートでのデータの利用方法を説明する．SSDSE-市区町村 (SSDSE-A) は様々な分野の市区町村別データを集めたデータセットである．2024年6月28日に公開されたデータセットでは，以下の3つのファイルが掲載されている．

● SSDSE-A-2024(Excel)
● SSDSE-A-2024(CSV)
● SSDSE-市区町村の解説 (PDF)

Excel形式とCSV形式のファイルが提供されているので，それぞれクリックしてダウンロードしてみよう．Excel（拡張子.xlsx）形式のファイルはMicrosoft Excelの標準ファイルだが，Googleスプレッドシートで編集することもできる．また，CSV（拡張子.csv）形式は，Commma Separated Valuesの略で，項目ごとにカンマで区切ったデータである．図2.2に示すように，テキストエディタ（Windowsの場合はメモ帳）で開くと，データがカンマ区切りになっていることが確認できる．CSV形式のファイルはExcelやGoogleスプレッドシートから開くこともできる（図2.3）．Excel形式やCSV形式のように表形式で表されるデータを構造化データという．

---

1　本節で紹介する各オープンデータのURLは，2024年12月時点のものである．

第 2 章　データの利活用

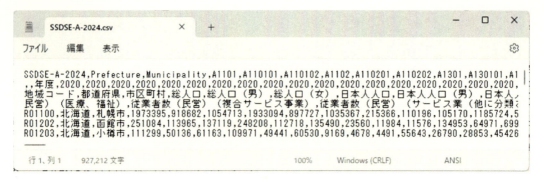

図 2.2　SSDSE-A-2024.csv をメモ帳で開いた場合

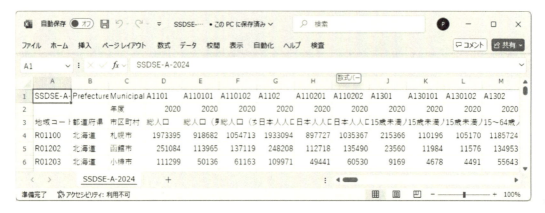

図 2.3　SSDSE-A-2024.csv を Excel で開いた場合

次に，SSDSE-市区町村の解説ファイルを開き，Excel ファイルや CSV ファイルのデータの見方や利用上の注意を確認しよう．

### 例題 2.2（Excel 形式と CSV 形式の確認）

(1) SSDSE のサイトからダウンロードした SSDSE-A の CSV 形式のファイルをテキストエディタ（Windows の場合はメモ帳）で開いて，カンマ区切りのデータになっていることを確認しよう．

(2) SSDSE-A の Excel 形式と CSV 形式のファイルを Excel または Google スプレッドシートで開き，その違いを確認しよう（Google スプレッドシートの場合は，ダウンロードしたファイルを Google ドライブにアップロードしてから Google スプレッドシートで開く）．

> **補足**
> 　Excel 形式では，セルの書式などデータ以外の情報も保存され，1 つのブックに複数のシートを保存することができる．それに対して，CSV 形式はデータのみ保存可能で，1 つのブックには 1 つのシートしか保存できない．

## 2.3 データの取り込み

オープンデータなどのファイルを作業しているワークブックに取り込む方法は大きく2つに分けられる．一つはシートのコピー，もう一つはデータのインポートである．それぞれ例題 2.3，例題 2.4 で確認していく．

**例題 2.3（シートのコピー）**

(1) 例題 2.2 で使用した SSDSE-A の Excel 形式のファイルを Excel または Google スプレッドシートで開こう[2]．

(2) シート見出しを右クリックし，以下の方法でデータシートをコピーしよう．

**Excel の場合**：メニューから「移動またはコピー...」を選択し，移動先ブック名として「(新しいブック)」を選択し，「コピーを作成する」にチェックを入れる（図 2.4 左）．

**Google スプレッドシートの場合**：「別のワークブックにコピー」を選択し，「新しいスプレッドシート」を選択する（図 2.4 右）．

図 2.4　データシートのコピー

(3) データがコピーされたブックを L2-1（Excel の場合は L2-1.xlsx）という名前で保存しよう．

---
**補足**

例題 2.3 では新規ブックにデータをコピーしてから L2 という名前で保存したが，先に L2 というブックを作成した後で，既存のワークブックにコピーすることもできる．

---

[2] 例題 2.3, 2.4 は Excel 形式で説明するが，作業方法は CSV 形式でも同様である．

## 例題 2.4（データのインポート）

(1) 新たにブック L2-2（Excel の場合は L2-2.xlsx）を作成しよう．

(2) 使用環境に応じて，以下の方法でデータシートをインポートしてみよう．

**Excel の場合：** メニューバーの「データ」タブの「データの取得」→「ファイルから」と進み，「Excel ブックから」または「テキストまたは CSV から」をクリックする．例題 2.2 で使用した SSDSE-A の CSV 形式のファイルを選択し，インポートされるデータの内容を確認する．問題がなければ「読み込み」ボタンを押す（図 2.5）．

図 2.5　Excel 上でのデータのインポート

**Google スプレッドシートの場合：** メニューバーの「ファイル」から「インポート」を選択する．「ファイルをインポート」の画面で，例題 2.2 で Google ドライブにアップロードした SSDSE-A の CSV 形式のファイルを指定して「挿入」ボタンを押す．「ファイルをインポート」ウィンドウで，区切り文字の種類を「カンマ」に指定する（図 2.6）．

図 2.6　Google スプレッドシート上でのデータのインポート

## 2.4 データの並べ替え

スプレッドシートでは，読み込んだデータを項目ごとに昇順・降順に並べ替えたり，特定の条件を満たすデータだけ抽出して表示したりすることで，そのデータの特徴を確認することができる．

**Excel の場合**：「データ」タブから「フィルター」ボタンを押す（図 2.7 左）．

**Google スプレッドシートの場合**：メニューバーの「データ」から「フィルタを作成」ボタンを押すとフィルタボタンが表示される．このフィルタボタンを押したメニューからデータの並べ替えを行う（図 2.7 右）．

また，特定の値に等しい，または特定の範囲内のデータのみ抽出するなど，条件を指定して抽出を行うこともできる．

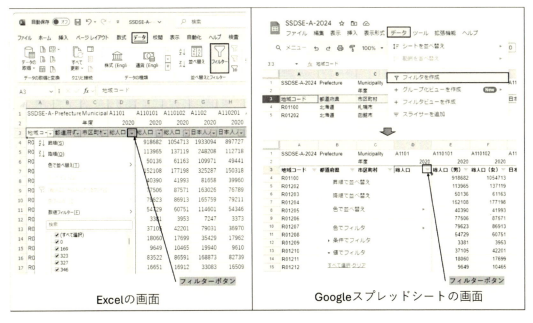

図 2.7　フィルターの表示

---

**補足**

SSDSE-A のデータは 1〜3 行目が項目情報となっており，1 行目に項目コード，2 行目に項目の年次，3 行目に項目名が入っている．スプレッドシートのフィルタボタンはそれよりも下の行にあるデータに対して並べ替えや抽出を行うため，この例の場合は図 2.7 のように 3 行目にフィルタボタンを表示するとデータの並べ替えや抽出作業が行いやすい．その場合は，左端の行番号の 3 行目を選択してから，「フィルタ」または「フィルタを作成」ボタンを押す．

第 2 章 データの利活用

### 例題 2.5 (データの並べ替え・抽出)

(1) 例題 2.3 で作成した L2-1 のブックにある SSDSE-A シートのデータを総人口の降順に並べ替え,上位の都道府県,市区町村を確認しよう.

(2) 「小学校数」(項目コード E2101) の昇順に並べ替え,「小学校数」の値が同じ場合は「小学校児童数」(項目コード E2501) の昇順に,「小学校数」の値も「小学校児童数」の値も同じ場合は「小学校教員数」(項目コード E2401) の昇順に並べ替えよう.

(3) 「都道府県」が福井県の市区町村のデータのみを表示しよう.

---

**補足**

　例題 2.5 の (2) のように複数の項目を基準に並べ替えを行う場合,Excel では「データ」タブの「並べ替え」ボタンを使うと便利である.

---

## 2.5 集計・基本的な関数

　データを扱っていく中で,「データの合計値を求めたい」「特定の条件に合うデータが何件あるのか知りたい」という場面もあるだろう.スプレッドシートでは,関数を用いてデータの集計ができる.ここでは,基本的な関数の使用方法を学習する.

　まず,データの合計を求める場合に使用する SUM( ) という関数を例に,スプレッドシートの関数の基本構造について説明する.関数は以下のような形で表される.

　= SUM(A1: A100)

　= SUM(A1, C1, F1)

先頭は必ずイコール ( = ) から始め,その次に関数名を入力する.この関数名は行いたい処理によって変わり,例えば,データの平均を求める関数名は AVERAGE,個数を求める関数名は COUNT という.次に,括弧内は引数と呼び,データが入っているセルのセル番地や値を入力する.連続するセルの場合はコロン ( : ) で始点と終点のセル番地を指定する.離れたセルの場合は,カンマ ( , ) でセル番地を指定する.引数の数は関数によって異なる.

　関数はキーボードから直接セルに入力することもできるが,合計,平均,個数,最大値・最小値などのよく使う関数であれば,Excel の場合は「数式」タブの「オート SUM」ボタン以下に,Google スプレッドシートでは,メニューバーの「挿入」→「関数」に用意されている (図 2.8).次の例題 2.6 で使ってみよう.

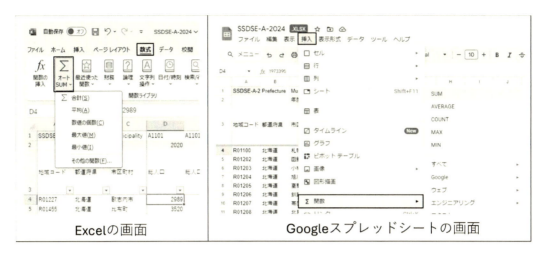

図 2.8　関数の挿入

## 例題 2.6（データの集計と基本的な関数の利用）

(1) 例題 2.4 で作成した L2-2 に新たに「データの集計 1」というシートを追加する．

(2) 同ブックにある SSDSE-A シートに対して，関数を使って以下の値を求めよ．関数式は (1) で追加した「データの集計 1」シートに記入すること．

① 総人口（項目コード A1101）の合計
② 総人口の最大値と最小値
③ 総人口の平均

> **補足**
> メニューやボタンから関数を入力すると自動で引数にセル番地が指定される．このセル番地が求めたいデータ範囲と違う場合は修正しよう．

スプレッドシートには他にも様々な関数が用意されている．Excel では，数式バーの $fx$ ボタンを押すと，図 2.9 に示すように「関数の挿入」ウィンドウが表示され，関数の検索ができる．また，関数を選択した後の「関数の引数」ウィンドウで，その関数の使い方を確認することができる．Google スプレッドシートでは，図 2.8 に示したメニューバーの「挿入」→「関数」から，他の種類の関数を探すことができる．また，第 1 章で説明した生成 AI を用いて使い方を確認するのもよいだろう．例題 2.7 を行いながら，その他の関数も使ってみよう．

図 2.9　Excel の fx ボタンから関数の種類や使い方を確認する方法

**例題 2.7（データの集計とその他の関数）**

(1) 例題 2.6 で使用したブック L2-2 に新たに「データの集計 2」というシートを追加しよう．

(2) 同ブックにある SSDSE-A シートに対して，関数の使い方を調べながら，以下の値を求めよう．

　① 条件に合うセルの個数を数える COUNTIF( ) という関数を用いて，福井県の市町村数を求めよう．

　② 指定した条件に合うセルの値を合計する SUMIF( ) という関数を用いて，福井県の市町村の総人口の合計を求めよう．

## 2.6　演習問題

(1) 例題で用いた SSDSE-市区町村 (SSDSE-A) のデータ（Excel 形式）を用いて，以下の問いに答えよ．

　① データシート (SSDSE-A-2024) をコピーして，シート「作業 1」を作成する．そのシートにおいて，15 歳未満人口が 100 人未満の市区町村のみ抽出せよ．

　② ①のシートを「15 歳未満人口」が少ない順に，「15 歳未満人口」が同じ値の場合は「15 歳未満人口（男）」が少ない順に並べ替えよ．

　③ ②のシートをコピーして，シート「作業 2」を作成する．このシートにおいて，「65 歳以上人口」が 500 人以上の市区町村を抽出せよ．シート「作業 2」は，②までの作業を行った状態のものを使用すること．

(2) 2.2 節で述べた気象庁「過去の気象データ・ダウンロード」サイトから，福井県福井市の日平均気温，日最高気温，日最低気温のデータを含む最近 1 年間のデータを CSV 形式でダウンロードし，以下の問いに答えよ[3].

① 日最高気温の降順に並べ替え，最も気温が高かった日を確認せよ.

② 日平均気温の最大値，最小値，平均値を求めよ.

(3) 2.2 節で述べた総務省統計局「政府統計の総合窓口 (e-Stat)」のキーワード検索に「地方公共団体におけるテレワークに関する取組状況の調査」と入力し，令和 5 年 10 月 1 日現在の調査データをダウンロードする．このデータについて，以下の問いに答えよ.

① シート「都道府県」において，関数を使ってテレワークを正式に導入している都道府県の数を求めよ.

② シート「市区町村」において，「テレワークを正式に導入している」おり，「在宅勤務」「モバイルワーク」「サテライトオフィス」のいずれも導入していると回答した団体のうち，東京都にある市区町村を抽出せよ.

---

3    データを利用するに当たって，同サイトにある「このページの使い方」をよく確認すること.

# 第3章

# データの可視化の基礎

データをグラフや図などを用いて視覚的に分かりやすい形で表現することを可視化という．可視化によって，データの傾向や特性を直感的に把握することができる．本章では，最初にスプレッドシートを用いたグラフの作成方法を学習する．次に，棒グラフや折れ線グラフ，散布図など，基本的なグラフとその目的を確認し，グラフ作成時の注意点を学ぶ．最後に，第1章で学習した生成AIを用いてグラフを作成し，結果を検証する．

## 3.1 スプレッドシートによるグラフ作成

グラフを作成するには，まず，可視化したいデータを選択する．第2章で見たように，オープンデータなどには多くの項目が含まれている．その中から今どのデータの特徴を見たいのかを考え，それに応じたデータ系列のみを選択する．データ系列はグラフを作成した後に追加や変更することもできる．次に，Excel であれば，「挿入」タブのグラフグループから目的のグラフを選択する（図 3.1）．Google スプレッドシートであれば，メニューバーの「挿入」から「グラフ」を選択する（図 3.2）．グラフの種類はグラフ挿入後に「グラフエディタ」から変更することができる．

図 3.1　グラフ挿入画面（Excel の場合）

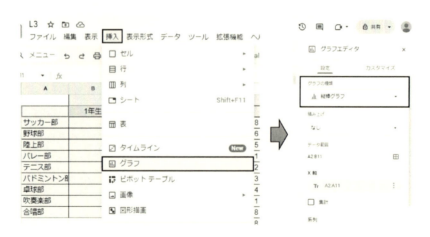

図 3.2　グラフ挿入画面（Google スプレッドシートの場合）

### 例題 3.1（グラフ作成）

ブック L3 を作成し，付録データにある「L3-1 部員数」というシートをコピーして，シート名

をL3-1とする．各クラブの1年生の人数を棒グラフと円グラフでそれぞれ表そう．

グラフを作成したら，どのようなデータの特徴を表しているかが分かるように，適宜，グラフのタイトルや軸ラベル，凡例，データラベルなどのグラフ要素を設定しよう．Excelでは，グラフを挿入すると「グラフのデザイン」タブが追加され，そこからグラフ要素の追加やグラフの種類の変更など，細かな設定を行うことができる．Googleスプレッドシートの場合は，グラフエリアの書式設定から行う．いずれもグラフを選択してから操作する．図3.3と図3.4にそれぞれの主なグラフ編集機能を示す．

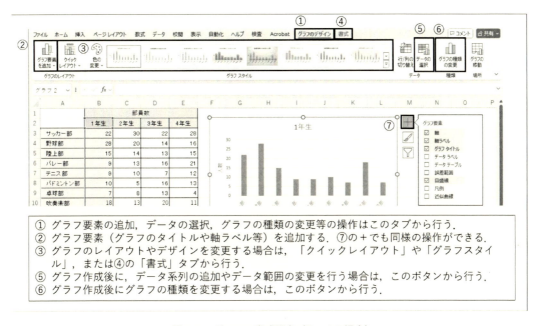

図3.3 グラフの書式設定（Excelの場合）

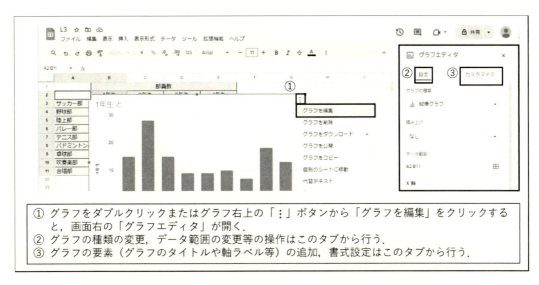

図3.4 グラフの書式設定（Googleスプレッドシートの場合）

33

## 例題 3.2（グラフの書式設定）

例題 3.1 で追加したグラフを図 3.5 に示すように編集しよう．

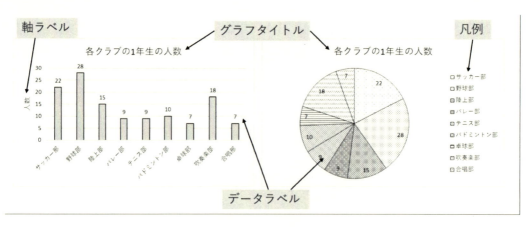

図 3.5　グラフ要素

## 3.2　グラフの種類と目的

グラフは目的に応じて使い分けよう．以下に，基本的なグラフとその目的を示す．

### (1) 棒グラフ

棒グラフは複数の項目の値を比較する場合に利用する．また，データ全体に含まれる要素を比較したり，各要素がどのように変化するかを比較したりする場合には，積み上げ棒グラフを利用する（図 3.6）．この他，データ全体の中で各要素が占める割合やその変化を比較する場合には，100％積み上げ棒グラフを利用する．それぞれ縦棒グラフと横棒グラフがある（図 3.7）．

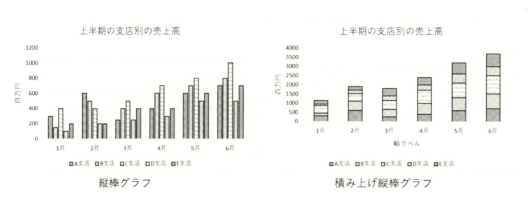

図 3.6　棒グラフの例 (1)

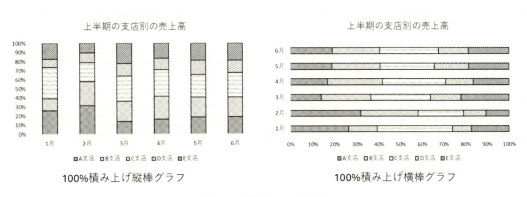

図 3.7　棒グラフの例 (2)

## (2) 折れ線グラフ

折れ線グラフはデータの時間的な変化を可視化する場合に利用する．データ全体に含まれる各要素の変化を可視化する積み上げ折れ線グラフ，全体量を 100% にして各要素の割合の変化を見る 100 %積み上げ折れ線グラフがある．また，データの累積値や変化をより見やすくするために，積み上げ面グラフや 100 %積み上げ面グラフが利用されることもある（図 3.8）．

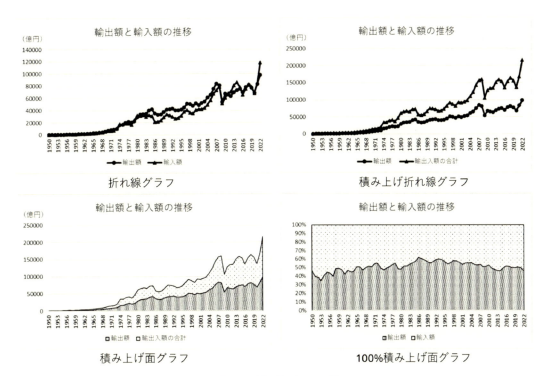

図 3.8　折れ線グラフの例

## (3) 円グラフ

円グラフは，要素が全体に占める割合を見る場合に利用する（図3.9）．

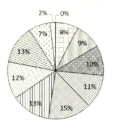

図 3.9　円グラフの例

## (4) レーダーチャート

レーダーチャートは，複数の指標で評価したい場合や全体バランスを見る場合に利用する（図3.10）．

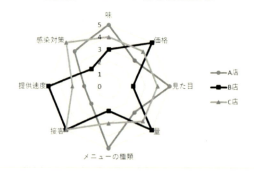

図 3.10　レーダーチャートの例

## (5) 散布図

散布図は2つの要素の関係性（相関）を評価したい場合に利用する．図3.11（左）のアイスクリームの売上高と日最高気温の関係の例に示すように，一方のデータの値が大きくなればもう一方のデータの値も大きくなる傾向がある場合を，正の相関という．反対に，図3.11（右）の電力需要量と月平均気温の関係に示すように，一方のデータの値が大きくなるともう一方のデータの値は小さくなる傾向がある場合を，負の相関という．散布図の詳細は第4章で学習する．

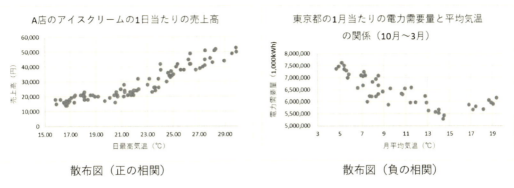

図 3.11　散布図の例

## (6) ヒストグラム

ヒストグラムはデータ全体の分布を可視化したい場合に利用する．この詳細も第 4 章で学習する（図 3.12）．

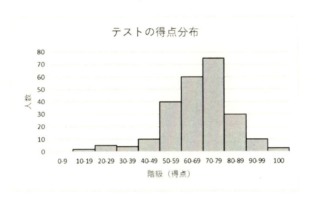

図 3.12　ヒストグラムの例

## (7) 箱ひげ図

箱ひげ図はデータのばらつき（偏り）具合を可視化したい場合に利用する．これは，図 3.13 に示すようにデータの最小値と最大値，中央値（データを昇順に並べたときの中央の値），第 1 四分位数，第 3 四分位数（データを昇順に並べ，4 等分したときにそれぞれ 25%，75% に位置する値）の 5 つの情報を可視化したものである．詳細については，第 6 章で学習する．

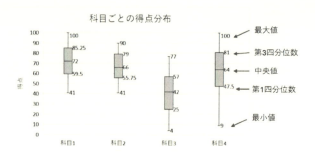

図 3.13　箱ひげ図の例

### 例題 3.3（目的に応じたグラフの選択）

ブック L3.xlsx に第 2 章の例題で使用した「SSDSE-市区町村 (SSDSE-A)」のデータシートをコピーする．新たに L3-2 というシートを追加し，このデータシートを参照して，以下のグラフを作成しよう．適宜，グラフの書式も整えること．また，作成したグラフから何が分かるか？
① 福井県の市区町村別の「15 歳未満人口」と「75 歳以上人口」を比較したグラフ
② 福井県の市区町村別の人口の割合を見るグラフ

## 3.3　見やすいグラフの書き方と不適切なグラフ表現

　見やすいグラフを作成するためには，3.1 節で学習したグラフの書式設定から，タイトルや軸ラベル，単位を忘れずに設定しよう．また，軸目盛を適切に設定することも重要である．例えば，図 3.14 に示す散布図は軸の範囲が大きくデータが中央に集中しており，余白が目立つ．このような場合は，目盛を修正する．Excel では軸を右クリックしてメニューから「軸の書式設定」を開いて設定する（図 3.15 左）．Google スプレッドシートでは，軸をダブルクリックすると開くグラフエディタから設定することができる（図 3.4）．また，図 3.14 右に示すように，僅かな差しかないデータにおいて，その差が極端に大きく見えるような目盛の取り方をしないようにする．複数のグラフを比較する場合は，目盛の最小値や最大値，目盛間隔を合わせるようにしよう．

　また，グラフがモノクロで表示される場合は，色で情報を説明することができない．棒グラフの場合はパターンを使った塗りつぶしを，折れ線グラフの場合はマーカー付き折れ線にするなど工夫しよう（図 3.15 右）．

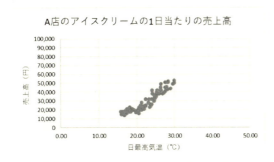
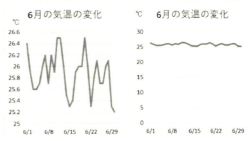

軸の範囲を大きくとりすぎている例　　軸の取り方により変化量が強調される例

図 3.14　不適切な軸の設定

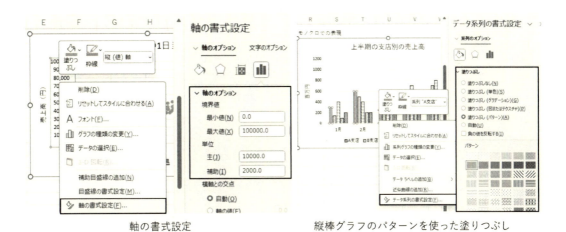

軸の書式設定　　　　　　　縦棒グラフのパターンを使った塗りつぶし

図 3.15　Excel における軸の書式設定方法とモノクロ印刷時のグラフの書式設定の工夫

## 例題 3.4（グラフの軸の設定）

　例題 3.3 で作成したグラフの書式や縦軸目盛の設定を変更し，それによってグラフの見え方がどのように変わるかを確認しよう．

## 3.4 生成 AI を用いたグラフ作成

第 1 章で説明した生成 AI は，グラフ作成にも利用することができる．データを入力すると最適なグラフを提案してくれる他，有料版サービスを中心に，データから自動的にグラフを作成してくれる機能が備わっている．グラフの作成補助に使用する場合は，図 3.16 に示すようなプロンプトを与えると，目的別にデータに適したグラフを提案してくれる．

```
以下のデータを可視化したいので、適切なグラフを教えて。
Number of club members
Club Name  1st Year  2nd Year  3rd Year  4th Year
Soccer Club  22   30   22   28
Baseball Club  28   20   14   16
Track & Field Club  15   14   13   15
```

図 3.16　グラフ作成時の生成 AI へのプロンプトの例

2024 年 12 月現在，ChatGPT の有料版である ChatGPT Plus では，Advanced Data Analysis という機能を使って，CSV 形式などのファイルをアップロードしてグラフを作成することができる．また，無料版でも会員登録したユーザであれば，回数制限はあるが，データファイルからグラフを作成することができる[1]．また，Microsoft のアカウントにログインしていれば，Copilot を使ってグラフを作成できる．以下では，ChatGPT の場合の手順を示す．

1. ChatGPT に会員登録をし，ログインする．
2. ChatGPT 無料版の場合は，何らかのプロンプトを入力し，出力の最下行に表示されるモデル切り替え GPT-4o を選択する（図 3.17）．

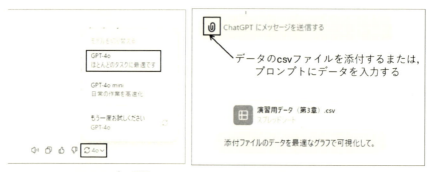

ChatGPTのモデル選択　　　　グラフ作成のプロンプトの例

図 3.17　ChatGPT のモデルの切り替えと，グラフ作成のプロンプトの例

---

[1] データに日本語が含まれる場合は，グラフが文字化けすることがある．この問題はフォントをインストールすることで解決するが，詳細は省略する．

3. データは直接プロンプトから入力する他，csv ファイルも添付できるので，可視化したいデータを添付し，プロンプトからグラフ作成の指示を与えるとグラフが作成される．

**例題 3.5（適切なグラフの選択）**

付録データに含まれる「L3-2 Club」というシートを用いて，以下のことをやってみよう．

(1)「L3-2 Club」シートのデータを CSV 形式で保存する．

(2) ChatGPT に (1) の csv ファイルと適切なプロンプトを与えてグラフを作成し，項目の表記を除き，例題 3.1 で作成したグラフと同じ結果になることを確認する．

# 3.5 演習問題

(1) 第 2 章で述べた気象庁「過去の気象データ・ダウンロード」サイトから，福井県福井市の 1950 年と 2024 年の 7 月〜9 月の日平均気温，日最高気温，日最低気温，のデータを CSV 形式でダウンロードする．このデータを用いて，両年の各気温の変化が比較できるグラフを作成し，グラフから読み取れることを述べよ．

(2) 例題.3.3 で使用した教育用標準データセット「SSDSE-市区町村 (SSDSE-A)」を用いて以下のグラフを作成し，グラフから読み取れることを述べよ．

　① 北陸 4 県（新潟県，富山県，石川県，福井県）の人口割合が分かるグラフ（都道府県ごとに人口を集計する）を作成せよ．

　② 北陸 4 県の出生数の割合が分かるグラフを作成せよ．

(3) (1) のグラフを生成 AI を用いて作成せよ．また，出力された結果と (1) で作成したグラフを比較し，結果を検証せよ．

# 第4章

# データの可視化の応用

　本章では，データを集計して度数分布表の形に
整理することを学ぶ．そしてそれを視覚化したヒ
ストグラムの作成方法を練習する．また，2変量
データを可視化した散布図の見方を学び，データ
の相関関係を判断する．さらに，散布図の座標軸
の片方または両方を対数目盛で表した対数グラフ
を学習し，データの傾向を把握する．

## 4.1 ヒストグラム

量的データの分布を視覚的に把握するためにはヒストグラムが用いられる．ヒストグラムは，データの範囲をいくつかの小区間（階級）に分け，その階級に属するデータの数（これを度数もしくは頻度という）を棒グラフで図示したものである（図4.1）．ヒストグラムを観察することにより，

・ 分布の偏りの有無
・ データのおおよその中心の位置
・ データのばらつき具合
・ 外れ値（他のデータから飛び離れた値）の有無

を視覚的に把握することができる．

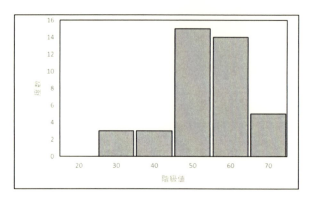

図 4.1　ヒストグラム

ヒストグラムを作るには，まず度数分布表を用意する必要がある．

**例題 4.1（度数分布表の作成）**

ブック L4 を作成する．付録データに表 4.1 に示すデータを含む「L4-1 データ」というシートがあるので，コピーしてシート名を「L4-1」に変更する．このデータの度数分布表を作ってみよう．

表 4.1　データの例

| 50 | 30 | 58 | 46 | 57 | 44 | 58 | 58 | 57 | 24 |
|---|---|---|---|---|---|---|---|---|---|
| 58 | 46 | 31 | 58 | 30 | 66 | 59 | 47 | 69 | 46 |
| 56 | 34 | 50 | 54 | 42 | 45 | 59 | 47 | 53 | 68 |
| 42 | 50 | 49 | 56 | 33 | 47 | 56 | 61 | 49 | 63 |

度数分布表を作るには，階級の数をいくつにするかが問題となる．階級の数が大きすぎても小さすぎても全体の傾向を把握できない．階級の数を決定する目安として，スタージェスの式とい

うものがある．これはデータの個数を $n$，階級の個数を $k$ とするとき，

$$k = 1 + \log_2 n$$

とするというものである．$n$ と $k$ の関係を表 4.2 に示す．

表 4.2 スタージェスの式による階級数

| データ数 $n$ | 16 | 32 | 64 | 128 | 256 |
|---|---|---|---|---|---|
| 階級数 $k$ | 5 | 6 | 7 | 8 | 9 |

　表 4.1 のデータの場合，データ数は 40 なので 6 もしくは 7 個に分けるとよいということになるが，実際には区切りの良い境界値とするほうが見やすいため，必ずしもこの通りにする必要はない．あくまで目安である．このデータの最小値は 24，最大値は 69 なので，データを 20 から 70 まで，10 ごとに 6 つの階級に分けることにしよう．
　スプレッドシートで度数分布表を作るには，FREQUENCY( ) 関数を使うと簡単である[1]．

**使い方**　=FREQUENCY(データ配列, 区間配列)

図 4.2 の例では，C8 セルに，=FREQUENCY(A2:J5,A8:A13) と入力する．すると，C8 セルから C14 セルに各階級の度数が出力される．ただし，度数分布の右に示したように，階級の端点は各区間の上端に属することに注意してほしい．

図 4.2　度数分布表の作成

度数分布表の各階級を棒グラフにするとヒストグラムができあがる．ヒストグラムを作成する

---

[1]　FREQUENCY( ) 関数の使い方は Excel と Google スプレッドシートで同じである．

際は，できるだけ棒と棒の間隔を狭くとるとよい．また，ExcelやGoogleスプレッドシートには，データ配列から直接ヒストグラムを作成する機能が用意されている．いずれも，データ配列を選択後，グラフの種類で「ヒストグラム」を選択して挿入する（図4.3）[2]．ただし，この方法の場合，横軸（階級）の設定[3]がある程度制限されるため，自由に設定したい場合は，先に述べた方法を用いるのがよい．

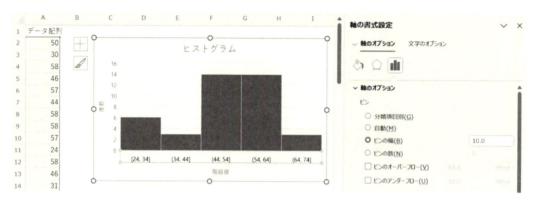

図4.3　データ配列から直接ヒストグラムを作成した場合（Excelの画面）

## 4.2　散布図

身長と体重のデータのように，ペアになったデータを2変量データという．2変量データを視覚的に把握するためには，散布図が用いられる．

一般に2つの変量$x$と$y$があるときに，$x$の変化に伴って$y$も変化するとき，相関関係があるという．$x$が増えると$y$も増えるような関係を正の相関といい，$x$が増えると$y$が減少するような関係を負の相関という．どちらの傾向も見られないときは，無相関という．その他，散布図を描いたときに，グループが形成されてないか，外れ値（他から飛び離れた値）がないかも観察のポイントである．

**例題 4.2（散布図と相関関係）**

付録データに表4.3に示すデータを含む「L4-2 データ」[4]というシートがあるので，ブックL4にコピーして，シート名を「L4-2」に変更する．このデータを用いて散布図を作成してみよう．どのような相関関係があるだろうか．

---

[2] この機能を用いてグラフを作成する場合は，データ配列は1行または1列にまとめる必要がある．

[3] Excelの場合は，横軸の設定から「ビンの数」で階級の数を，「ビンの幅」で各階級の範囲を設定する．

[4] 表4.3ではデータを複数行に分けて示しているが，付録データでは散布図を描きやすいように，No, x, yの各項目を列ごとに示している．

表 4.3　2 変量のデータ

| NO | 1 | 2 | 3 | 4 | 5 | 6 | 7 | 8 | 9 | 10 |
|---|---|---|---|---|---|---|---|---|---|---|
| x | 71 | 49 | 50 | 40 | 55 | 52 | 47 | 53 | 50 | 41 |
| y | 69 | 58 | 52 | 41 | 51 | 50 | 36 | 43 | 48 | 38 |
| NO | 11 | 12 | 13 | 14 | 15 | 16 | 17 | 18 | 19 | 20 |
| x | 65 | 45 | 57 | 44 | 60 | 53 | 58 | 40 | 50 | 37 |
| y | 65 | 35 | 63 | 43 | 72 | 53 | 65 | 35 | 43 | 39 |
| NO | 21 | 22 | 23 | 24 | 25 | 26 | 27 | 28 | 29 | 30 |
| x | 42 | 73 | 36 | 64 | 45 | 58 | 53 | 58 | 54 | 51 |
| y | 50 | 73 | 41 | 60 | 44 | 58 | 45 | 66 | 50 | 53 |

散布図を作成すると，図 4.4 のようになり，$x$ と $y$ には正の相関があることが分かる．散布図を作成するときのポイントは，次の 2 点である．

- なるべく正方形に近い形にする．
- データ全体がプロットエリアにちょうど収まるように，縦軸と横軸の目盛範囲を調整する．

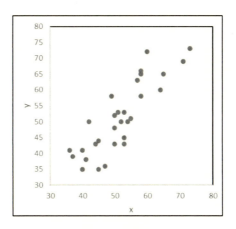

図 4.4　散布図

図 4.5(a) や図 4.5(c) のようにデータが直線のまわりに集まっているとき，強い相関があるという．逆に，図 4.5(b) や図 4.5(d) は弱い相関の例である．無相関の場合は図 4.5(e) のようになる．

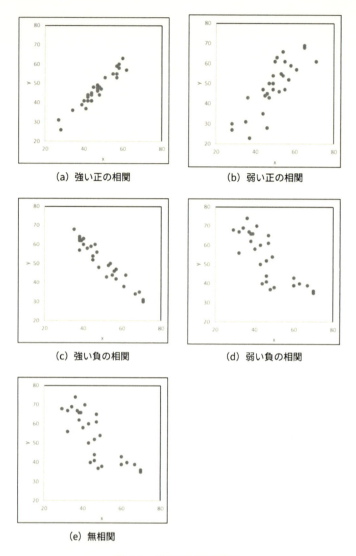

図 4.5　散布図と相関関係

## 4.3　対数グラフ

　データが極端に大きいものから極めて 0 に近い値まで分布している場合，等間隔でグラフを作ったのではデータの傾向がうまく把握できない場合がある．また，データが指数曲線やべき乗の形で変化する場合には，等間隔目盛のかわりに対数目盛を使うと関係性が明確になる．

**例題 4.3（対数グラフ）**

　ブック L4.xlsx に新たにシート「L4-3」を追加する．スプレッドシートの A 列，B 列に図 4.6 のようなデータを入力し，折れ線グラフを作ろう．次に縦軸を対数目盛に変更して，右側の図のような直線で表そう．

**Excel の場合**

1. 縦軸目盛を右クリックし，「軸の書式設定」を出す．
2. 「軸のオプション」のメニューを展開する．
3. 「対数目盛を表示する」にチェックを入れる．

**Google スプレッドシートの場合**

1. 折れ線グラフを右クリックし，「軸」→「縦軸」を選び，グラフエディタを出す．
2. 「カスタマイズ」タブに切り替え，「縦軸」メニューを展開する．
3. 「対数目盛」にチェックを入れる．

このように，縦軸を対数目盛に変更することによって，指数曲線 $y = 2^x$ を直線のグラフで表すことができる．また，同様の手順で横軸を対数目盛に変更することもできる．

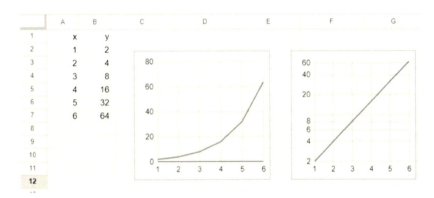

図 4.6　対数グラフ

## 4.4　演習問題

(1) 付録データに以下のデータを含む「E4-1 データ」というシートがある．このデータからヒストグラムを作れ．

| 56 | 39 | 47 | 44 | 30 | 65 | 47 | 29 | 50 | 46 |
| 27 | 54 | 58 | 58 | 55 | 50 | 56 | 54 | 60 | 55 |
| 44 | 54 | 29 | 47 | 56 | 46 | 44 | 50 | 46 | 47 |
| 30 | 31 | 26 | 41 | 40 | 55 | 35 | 54 | 43 | 34 |

(2) 付録データに以下のデータを含む「E4-2 データ」というシートがある．このデータの散布図を作り，相関関係を調べよ．

| NO | 1 | 2 | 3 | 4 | 5 | 6 | 7 | 8 | 9 | 10 |
|----|----|----|----|----|----|----|----|----|----|----|
| $x$ | 44 | 51 | 51 | 53 | 45 | 59 | 51 | 44 | 70 | 49 |
| $y$ | 45 | 52 | 46 | 56 | 60 | 40 | 45 | 46 | 43 | 35 |
| NO | 11 | 12 | 13 | 14 | 15 | 16 | 17 | 18 | 19 | 20 |
| $x$ | 47 | 60 | 65 | 49 | 43 | 59 | 52 | 47 | 32 | 48 |
| $y$ | 60 | 41 | 21 | 39 | 36 | 46 | 46 | 58 | 75 | 64 |
| NO | 21 | 22 | 23 | 24 | 25 | 26 | 27 | 28 | 29 | 30 |
| $x$ | 59 | 68 | 32 | 48 | 56 | 63 | 60 | 46 | 41 | 51 |
| $y$ | 48 | 27 | 63 | 49 | 37 | 31 | 39 | 51 | 56 | 62 |

(3) 関数 $y = 2x^3$ の $1 \leqq x \leqq 4$ におけるグラフを作成し，縦軸と横軸を対数目盛で表せ．

(4) 第 2 章で述べた教育用標準データセット「SSDSE-市区町村 (SSDSE-A)」を用いて，以下の
グラフを作成せよ．また，グラフから読み取れることを述べよ．

① 1 市区町村当たりの小学校数のヒストグラム
② 小学校数と小学校児童数の関係を表す散布図

(5) 第 2 章で述べた気象庁「過去の気象データ・ダウンロード」サイトから，福井県福井市の
2024 年 7〜9 月の日平均気温と日平均相対湿度のデータを CSV 形式でダウンロードする．
このデータを用いて日平均気温と日平均相対湿度の関係を表す散布図を作成し，グラフから
読み取れることを述べよ．

# 第5章

# 母集団と標本抽出・
# 代表値・外れ値

統計的調査では，限られたデータ（標本）を基
にして，集団全体（母集団）の性質を把握する場
合が多い．本章では，調査で得られたデータを，
平均値や中央値などの集団を代表する値に要約す
ることを学ぶ．また，他のデータから飛び離れた
値（外れ値）がある場合，代表値にどのような影
響があるかを見ていく．

## 5.1 母集団と標本抽出

調査の対象となるデータ全体のことを母集団という．母集団に属する個々の値を要素といい，母集団に属するすべての要素の総数を母集団の大きさという．母集団の大きさが有限であるか無限であるかに応じて，有限母集団，無限母集団という．

母集団に属するすべての要素を調べることを全数調査という．例えば，5年に一度実施される国勢調査は，その国の全世帯を調査するので全数調査である．これに対し，テレビの視聴率調査や世論調査は，国民全体を調査するのではなく，一部の標本（サンプル）を抜き出した調査である．そのような調査を標本調査という．一般に，全数調査は多くの費用や時間がかかるし，製品の寿命調査のようにそもそも全数調査に適さない場合もある．そのような場合には標本調査が行われる．

標本調査を行う際は，標本が母集団の縮図になるように偏りなく抽出する必要がある．母集団のどの要素も抽出される確率が等しいとき，そのような抽出方法を無作為抽出という．無作為抽出によって得られた標本を無作為標本という．標本を無作為抽出するには，サイコロや乱数を用いて標本を決定するなどの方法がとられる．

## 5.2 平均値

$n$ 個のデータ $x_1, x_2, \ldots, x_n$ に対して，

$$\overline{x} = \frac{1}{n}(x_1 + x_2 + \cdots + x_n)$$

を $x$ の平均値という．Excel や Google スプレッドシートでは，平均値は AVERAGE( ) 関数で計算できる．

**使い方** ＝AVERAGE(セル範囲)

（セル A1 から A5 にデータがある場合，AVERAGE(A1:A5) と書く）

**例題 5.1（平均値の計算）**

ブック L5 を作成する．付録データに表 5.1 に示すデータを含む「L5-1 データ」というシートがあるので，コピーしてシート名を「L5-1」に変更する．このデータの平均値を Excel または Google スプレッドシートを用いて求めてみよう．図 5.1 に平均値の計算例を示す．

表 5.1　データの例

| 50 | 30 | 58 | 46 | 57 | 44 | 58 | 58 | 57 | 24 |
|----|----|----|----|----|----|----|----|----|----|
| 58 | 46 | 31 | 58 | 30 | 66 | 59 | 47 | 69 | 46 |

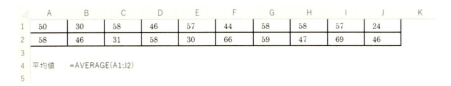

図 5.1　計算例

## 5.3　中央値

　データを数値の小さい順に並べたとき，ちょうど真ん中の順位に来るデータの値を中央値（メジアン）という．

**例 1**　5 個のデータ 3, 7, 2, 5, 9 があるとき，値の小さい順に並べ替えると，2, 3, 5, 7, 9 となるから，このデータの中央値は 5 である．

**例 2**　6 個のデータ 2, 6, 3, 4, 5, 8 があるとき，値の小さい順に並べ替えると，2, 3, 4, 5, 6, 8 となるから，中央に位置する 4 と 5 の間をとって，中央値は 4.5 とする．

　Excel や Google スプレッドシートでは，中央値は MEDIAN( ) 関数で計算できる．

**使い方**　=MEDIAN(セル範囲)

### 例題 5.2（中央値の計算）

　付録データに表 5.2 に示すデータを含む「L5-2 データ」というシートがあるので，ブック L5 にコピーして，シート名を「L5-2」に変更する．このデータの中央値を Excel または Google スプレッドシートを用いて求めてみよう．図 5.2 に中央値の計算例を示す．

表 5.2　データの例

| 56 | 34 | 50 | 54 | 42 | 45 | 59 | 47 | 53 | 68 |
| 42 | 50 | 49 | 56 | 33 | 47 | 56 | 61 | 49 | 63 |

図 5.2　計算例

## 5.4 最頻値

データの度数分布表において，最も度数の大きい階級の値を最頻値（モード）という．ただし，最も大きい度数の階級が2個以上ある場合もあるので，そのような場合，最頻値は代表値として適さない．また，同じデータであっても，階級の分け方により最頻値は異なる値をとる場合がある．表5.3，図5.3の例では，階級 $60 < x \leqq 70$ の度数が最も大きいので，65が最頻値である．ExcelやGoogleスプレッドシートでは，最頻値はMODE( )関数で計算できる．

**使い方**　=MODE(セル範囲)

表 5.3　度数分布表

| 階級 | 階級値 | 度数 |
|---|---|---|
| $10 < x \leqq 20$ | 15 | 4 |
| $20 < x \leqq 30$ | 25 | 11 |
| $30 < x \leqq 40$ | 35 | 18 |
| $40 < x \leqq 50$ | 45 | 26 |
| $50 < x \leqq 60$ | 55 | 34 |
| $60 < x \leqq 70$ | 65 | 42 |
| $70 < x \leqq 80$ | 75 | 31 |
| $80 < x \leqq 90$ | 85 | 14 |

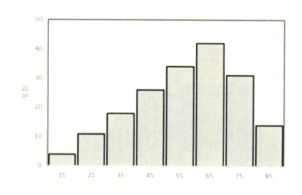

図 5.3　ヒストグラム

## 5.5 外れ値の影響

データの中に他のデータから飛び離れた値（外れ値）がある場合，平均値は外れ値の影響を大きく受ける．一方，中央値や最頻値は外れ値の影響を受けない．

### 例題 5.3（外れ値の影響）

L5 に新たにシート「L5-3」を追加する．データ 3, 4, 6, 7, 80 について，外れ値 80 を含めた場合と含めない場合とで，平均値および中央値をそれぞれ求めよう．

例題 5.3 の平均値は，外れ値を含めた場合 20 で，含めない場合 5 であり，外れ値の影響を大きく受けている．一方，中央値は，外れ値を含めた場合 6 で，含めない場合 5 であるから，外れ値の影響をほとんど受けていないことが分かる．

このように，外れ値の有無によって結果が大きく異なる場合があるので，平均値を代表値として用いる際は注意する必要がある．同様のことは，極端に右もしくは左に偏った分布についてもいえる．偏った分布では，少数のデータが他の大多数のデータから離れたところに分布していることにより，平均値が少数のデータのほうに引っ張られるという現象が起こる．

## 5.6　演習問題

(1) 付録データに以下のデータを含む「E5-1 データ」というシートがある．このデータの平均値と中央値を求めよ．

| 56 | 39 | 47 | 44 | 30 | 65 | 47 | 29 | 50 | 46 |
|----|----|----|----|----|----|----|----|----|----|
| 27 | 54 | 58 | 58 | 55 | 50 | 56 | 54 | 60 | 55 |
| 44 | 54 | 29 | 47 | 56 | 46 | 44 | 50 | 46 | 47 |
| 30 | 31 | 26 | 41 | 40 | 55 | 35 | 54 | 43 | 34 |

(2) 付録データに以下のデータを含む「E5-2 データ」というシートがある．このデータのヒストグラムを作れ．また，平均値，中央値を求めよ．

| 38  | 35 | 46 | 50 | 42 | 42 | 90 | 58 | 43 | 46 |
|-----|----|----|----|----|----|----|----|----|----|
| 52  | 26 | 51 | 36 | 40 | 80 | 70 | 34 | 42 | 54 |
| 44  | 38 | 40 | 51 | 56 | 53 | 46 | 51 | 54 | 46 |
| 100 | 45 | 32 | 48 | 45 | 26 | 41 | 42 | 39 | 57 |

(3) (1), (2) で求めた各値を生成 AI を使って求めよ．また，(2) で作成したヒストグラムを生成 AI を使って作成し，(2) の結果と比較せよ．

(4) 第 2 章で述べた教育用標準データセット「SSDSE-市区町村 (SSDSE-A)」を用いて，1 市区町村当たりの一般診療所数の平均値と中央値，最頻値を求めよ．また，各代表値を比較して分かることを述べよ．

# 第6章

# データのばらつき・箱ひげ図

統計データを分析する際には，データの代表値だけでなく，分布のばらつきの程度にも注目する必要がある．例えば，異なるデータのヒストグラムを比較するとき，平均値が同一であってもデータのばらつき具合が異なっているために，受ける印象が違ってくるということが起こりうる．本章では，データのばらつきを表す尺度である分散と標準偏差について学習する．また，各データのパーセント点に基づく四分位数を視覚的に表した箱ひげ図と呼ばれるダイアグラムを用いて，データの傾向を読み取る練習をする．

# 6.1 分散

前章では，平均値，中央値，最頻値について学んだが，これらはデータの中心的位置を表す数値であり，データのばらつき具合を表すものではない．一般に，データのばらつきの程度を表す数値のことを散布度という．散布度が小さいほどデータは代表値のまわりに集まり，逆に散布度が大きくなるほどデータは広い範囲に分布する．

散布度の一つに，分散という指標がある．データを $x_1, x_2, \ldots, x_n$ とするとき，分散 $v_x$ は次の式で定義される．

$$v_x = \frac{1}{n}\left\{(x_1 - \overline{x})^2 + (x_2 - \overline{x})^2 + \cdots + (x_n - \overline{x})^2\right\}$$

Excel や Google スプレッドシートでは，母集団を対象とした分散は VAR.P( ) 関数で計算できる．

**使い方** ＝ VAR.P(セル範囲)

### 例題 6.1（分散の計算）

新たにブック L6 を作成し，シート名を「L6-1」に変更する．表 6.1 に示すデータを入力し，平均値と分散を Excel または Google スプレッドシートを用いて求めてみよう．図 6.1 に計算例を示す．

表 6.1　データの例

| 44 | 58 | 58 | 57 | 24 | 58 | 46 | 31 | 58 | 30 |
|---|---|---|---|---|---|---|---|---|---|

| | A | B | C | D | E | F |
|---|---|---|---|---|---|---|
| 1 | データ | | | | | |
| 2 | 44 | | 平均値 | =AVERAGE(A2:A11) | | |
| 3 | 58 | | 分散 | =VAR.P(A2:A11) | | |
| 4 | 58 | | | | | |
| 5 | 57 | | | | | |
| 6 | 24 | | | | | |
| 7 | 58 | | | | | |
| 8 | 46 | | | | | |
| 9 | 31 | | | | | |
| 10 | 58 | | | | | |
| 11 | 30 | | | | | |
| 12 | | | | | | |

図 6.1　計算例

## 6.2 標準偏差

分散は数学的な取り扱いがしやすい量であるが，データを2乗している関係上，データの単位の次元も2乗されてしまうため，数値の直感的な把握に適しているとはいえない．そこで，分散の平方根をとることで，データの単位の次元に合わせることが望ましい．これを標準偏差といい，散布度の指標としてよく用いられる．

データを $x_1, x_2, \ldots, x_n$，分散を $v_x$ とするとき，標準偏差 $\sigma_x$ は次の式で定義される．

$$\sigma_x = \sqrt{v_x}$$

ExcelやGoogleスプレッドシートでは，母集団を対象とした標準偏差はSTDEV.P( )関数で計算できる．

**使い方** ＝STDEV.P(セル範囲)

### 例題 6.2（標準偏差の計算）

付録データに表6.2に示すデータを含む「L6-2 データ」というシートがあるので，ブックL6にコピーして，シート名を「L6-2」に変更する．このデータの平均値，分散，標準偏差をExcelまたはGoogleスプレッドシートを用いて求めてみよう．図6.2に計算例を示す．

表6.2　データの例

| 61 | 62 | 43 | 36 | 43 | 51 | 46 | 44 | 45 | 40 |
|----|----|----|----|----|----|----|----|----|----|
| 55 | 51 | 56 | 43 | 47 | 43 | 43 | 52 | 31 | 50 |

| | A | B | C | D | E | F | G | H | I | J |
|---|----|----|----|----|----|----|----|----|----|----|
| 1 | 61 | 62 | 43 | 36 | 43 | 51 | 46 | 44 | 45 | 40 |
| 2 | 55 | 51 | 56 | 43 | 47 | 43 | 43 | 52 | 31 | 50 |
| 3 | | | | | | | | | | |
| 4 | | 平均値 | | =AVERAGE(A1:J2) | | | | | | |
| 5 | | 分散 | | =VAR.P(A1:J2) | | | | | | |
| 6 | | 標準偏差 | | =STDEV.P(A1:J2) | | | | | | |
| 7 | | | | | | | | | | |

図 6.2　計算例

## 6.3 四分位範囲

データの最大値と最小値との差を範囲（レンジ）といい，散布度の指標の一つである．ExcelやGoogleスプレッドシートでは，最大値はMAX( )関数，最小値はMIN( )関数で求められるので，次のように計算すればよい．

範囲＝ MAX(セル範囲) － MIN(セル範囲)

さて，データを値の小さい順に並べたとき，全体の $\frac{1}{4}$ の位置にあるデータを第1四分位数といい，$Q_1$ で表す．また，全体の $\frac{3}{4}$ の位置にあるデータを第3四分位数といい，$Q_3$ で表す．$Q_3$ と $Q_1$ の差を四分位範囲という．散布度として四分位範囲を用いると，外れ値の影響を受けにくい．Excel や Google スプレッドシートでは，$Q_3$ と $Q_1$ は QUATILE.EXC 関数 ( ) で求められる．

**使い方**　$Q_1 =$ QUARTILE.EXC(セル範囲,1)
　　　　　　$Q_3 =$ QUARTILE.EXC(セル範囲,3)

なお，第2四分位数 $Q_2$ は中央値と同一である．

### 例題 6.3（四分位範囲の計算）

付録データに表 6.3 に示すデータを含む「L6-3 データ」というシートがあるので，ブック L6 にコピーして，シート名を「L6-3」に変更する．このデータの最小値，最大値，範囲，第1四分位数，第3四分位数，四分位範囲を，Excel または Google スプレッドシートを用いて求めてみよう．図 6.3 に計算例を示す．

表 6.3　データの例

| 50 | 31 | 40 | 19 | 46 | 51 | 37 | 55 | 59 | 45 |
| 54 | 37 | 52 | 51 | 63 | 58 | 50 | 34 | 64 | 48 |

|  | A | B | C | D | E | F | G | H | I | J |
|---|---|---|---|---|---|---|---|---|---|---|
| 1 | 50 | 31 | 40 | 19 | 46 | 51 | 37 | 55 | 59 | 45 |
| 2 | 54 | 37 | 52 | 51 | 63 | 58 | 50 | 34 | 64 | 48 |
| 3 | | | | | | | | | | |
| 4 | | 最小値 | | =MIN(A1:J2) | | | | | | |
| 5 | | 最大値 | | =MAX(A1:J2) | | | | | | |
| 6 | | 範囲 | | =D5-D4 | | | | | | |
| 7 | | 第1四分位数 | | =QUARTILE.EXC(A1:J2,1) | | | | | | |
| 8 | | 第3四分位数 | | =QUARTILE.EXC(A1:J2,3) | | | | | | |
| 9 | | 四分位範囲 | | =D8-D7 | | | | | | |

図 6.3　計算例

## 6.4　箱ひげ図

データの分布を簡略に表す図に，箱ひげ図と呼ばれるものがある．箱ひげ図とは，データの最小値，第1四分位数，中央値，第3四分位数，最大値を箱と線（ひげ）で表現した図形である．図 6.4 に示すように，ひげの両端は最小値と最大値を表し，箱の両端は第1四分位数と第3四分位数を表し，箱の中の線は中央値を表す．

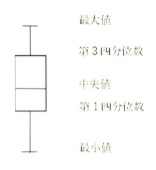

図 6.4　箱ひげ図

## 例題 6.4（箱ひげ図）

次のデータの箱ひげ図を描いてみよう．ブック L6 に新たにシート「L6-4」を追加し，次のデータを入力する．

1, 1, 3, 5, 5, 6, 8, 8, 9

箱ひげ図の描き方は，Excel と Google スプレッドシートで異なるため，以下では，手順を分けて説明する．

**Excel の場合**

1. データを選択し，「挿入」タブから「箱ひげ図」を選択する．
2. 「グラフ要素」の「データラベル」を追加する．データの最小値は 1，第 1 四分位数は 2，中央値は 5，第 3 四分位数は 8，最大値は 9 であることから，図 6.5 のような箱ひげ図となる．なお，× で表示されているのは，平均値である．

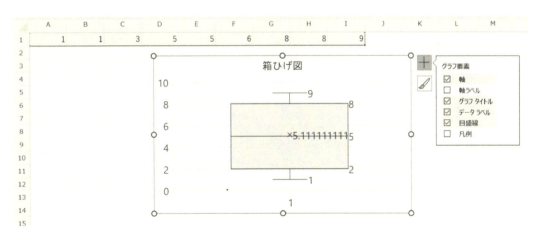

図 6.5　Excel で作成した箱ひげ図

**Google スプレッドシートの場合**

1. はじめに，例題 6.3 で学習した関数を用いて，データの最小値，第 1 四分位数，第 3 四分位数，最大値を求める．
2. 図 6.6 のように，(1) で求めた値を選択し，メニューバーの「挿入」から「グラフ」を挿入する．はじめに縦棒グラフが挿入されるので，グラフエディタで「行と列を切り替える」にチェックを入れた後で，グラフの種類を「ローソク足チャート」に変更する[1]．

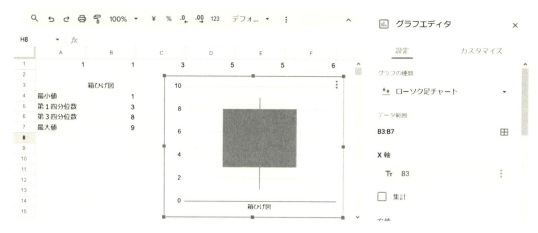

図 6.6　Google スプレッドシートで作成した箱ひげ図

## 6.5　演習問題

(1) 付録データに以下のデータを含む「E6-1 データ」というシートがある．このデータの平均値，分散，標準偏差を求めよ．

| 49 | 35 | 50 | 51 | 47 | 50 | 59 | 34 | 40 | 35 |
| --- | --- | --- | --- | --- | --- | --- | --- | --- | --- |
| 55 | 38 | 61 | 44 | 46 | 42 | 53 | 48 | 57 | 36 |
| 31 | 49 | 46 | 36 | 65 | 40 | 49 | 40 | 47 | 67 |
| 37 | 33 | 40 | 43 | 72 | 40 | 56 | 48 | 46 | 38 |

---

[1] Google スプレッドシートで作成した箱ひげ図の場合は，中央値のラインや，データラベルを表示することができない．

(2) 付録データに以下のデータを含む「E6-2 データ」というシートがある．このデータの最小値，第 1 四分位数，中央値，第 3 四分位数，最大値を求めよ．

| 51 | 51 | 59 | 42 | 49 | 63 | 40 | 70 | 49 | 61 |
|----|----|----|----|----|----|----|----|----|----|
| 46 | 47 | 42 | 44 | 35 | 55 | 41 | 72 | 39 | 70 |
| 48 | 54 | 39 | 58 | 50 | 34 | 47 | 50 | 39 | 43 |
| 41 | 40 | 62 | 65 | 56 | 41 | 52 | 48 | 58 | 49 |

(3) (1), (2) で求めた各値を生成 AI を使って求め，結果を比較せよ．

(4) スプレッドシートを用いて，(2) のデータを箱ひげ図で表せ．また，生成 AI を使って (2) のデータの箱ひげ図を作成し，両者の結果を比較せよ．

(5) 第 2 章で述べた教育用標準データセット「SSDSE-市区町村 (SSDSE-A)」を用いて，福井県の福井市を除く各市区町村の「一般病院数」，「一般診療所数」，「歯科診療所数」を箱ひげ図で表せ．また，この箱ひげ図から分かることを述べよ．

# 第7章

# 正規分布

測定機器の誤差の分布や，同年齢の人の身長・
体重のデータ，大勢の人が受験するテストの成績
などのデータの分布は，正規分布と呼ばれる左右
対称な釣鐘型の分布をすることが多い．本章で
は，正規分布の特徴と性質について学んだ後，実
際のデータと正規分布とのずれを表す尺度である
歪度と尖度の算出の仕方と，それらの値の持つ意
味について学習する．

## 7.1 正規分布の特徴

測定機器の誤差の分布や，同年齢の人の身長・体重のデータ，大勢の人が受験するテストの成績などのデータの分布は，正規分布と呼ばれる左右対称な釣鐘型の分布をすることが多い．正規分布は連続型の確率分布であり，分布の中心位置を表すパラメータ $\mu$ と，分布の広がりを表す正のパラメータ $\sigma$ を用いて，$N(\mu, \sigma^2)$ という記号で表される．正規分布 $N(\mu, \sigma^2)$ の確率密度関数は次の式で定義される．

$$\Phi(x) = \frac{1}{\sqrt{2\pi\sigma^2}} e^{-\frac{(x-\mu)^2}{2\sigma^2}}$$

確率変数 $X$ が正規分布 $N(\mu, \sigma^2)$ に従うとき，$X$ の平均は $\mu$ と等しく，$X$ の分散は $\sigma^2$ と等しいことが知られている．

正規分布 $N(\mu, \sigma^2)$ の確率密度関数 $\Phi(x)$ のグラフを図7.1に示す（図は $\mu = 5$，$\sigma = 1$ のときのもの）．$\Phi(x)$ は $x = \mu$ のとき最大になり，かつ，$x = \mu$ に関して対称である．よって，正規分布では，平均値，中央値，最頻値は同一の値（$\mu$）である．また，$x = \mu \pm \sigma$ がグラフの変曲点の $x$ 座標になっている．

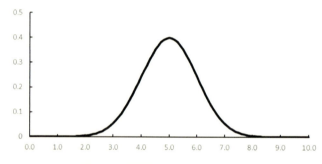

図 7.1　正規分布 N(5,1) のグラフ

確率変数 $X$ が正規分布 $N(\mu, \sigma^2)$ に従うとき，$X$ がある値 $a$ 以下になる確率 $P(X \leqq a)$ は，

$$P(X \leqq a) = \int_{-\infty}^{a} \Phi(x)\, dx$$

となる．また，一般に，

$$P(a < X \leqq b) = P(X \leqq b) - P(X \leqq a)$$
$$P(a < X) = 1 - P(X \leqq a)$$

が成り立つ．$P(X \leqq a)$ の値は，Excel や Google スプレッドシートの NORM.DIST( ) 関数で計算することができる．

**使い方**　　=NORM.DIST($a$ の値, 平均値 $\mu$, 標準偏差 $\sigma$, TRUE)
　　　　　　（第4パラメータが TRUE のとき $P(X \leqq a)$ を，FALSE のとき $\Phi(a)$ の値を返す）

### 例題 7.1（正規分布の確率）

ブック L7 を作成し，シート名を「L7-1」に変更する．NORM.DIST( ) 関数を用いて，正規分布 $N(50, 10^2)$ における次の確率を計算してみよう．

① $P(X \leq 25)$

② $P(30 < X \leq 60)$

③ $P(X > 70)$

④ $P(X \leq 50)$

**解答**

入力する式は，それぞれ次の通り．

① =NORM.DIST(25, 50, 10, TRUE)

② =NORM.DIST(60, 50, 10, TRUE)−NORM.DIST(30, 50, 10, TRUE)

③ = 1−NORM.DIST(70, 50, 10, TRUE)

④ =NORM.DIST(50, 50, 10, TRUE)

答えはそれぞれ，(1) 0.0062, (2) 0.8186, (3) 0.0228, (4) 0.5 となる．

$X$ の範囲を与えて確率 $P(X \leq a)$ を計算するのとは逆に，確率の値のほうを指定して，$a$ の値を知りたいことがある．例えば，確率として 5% を指定するとき，$P(X \leq a) = 0.05$ となるような $a$ のことを下側 5% 点という．正規分布の下側パーセント点を求めるには，NORM.INV( ) 関数を用いる．

**使い方** =NORM.INV(確率, 平均値 $\mu$, 標準偏差 $\sigma$)

### 例題 7.2（正規分布のパーセント点）

ブック L7 に新しいシートを追加し，名前を「L7-2」とする．NORM.INV( ) 関数を用いて，正規分布 $N(50, 10^2)$ における次のパーセント点を計算してみよう．

① 下側 2.5% 点

② 下側 5% 点

③ 下側 95% 点

**解答**

入力する式は，それぞれ次の通り．

① =NORM.INV(0.025, 50, 10)

② =NORM.INV(0.05, 50, 10)

③ =NORM.INV(0.95, 50, 10)

答えはそれぞれ，(1) 30.40, (2) 33.55, (3) 66.45 となる．

## 7.2 データの標準化

平均が $0$, 分散が $1$ の正規分布 $N(0,1)$ を標準正規分布という. 確率変数 $X$ が正規分布 $N(\mu, \sigma^2)$ に従うとき,

$$Z = \frac{x - \mu}{\sigma}$$

とおくと, $Z$ の平均は $0$, 分散は $1$ となり, 標準正規分布 $N(0,1)$ に従う. このような変換を正規分布の標準化という. 正規分布に限らず, 任意の分布について上の式によってデータを標準化することが可能であり, それぞれのデータを $Z$ 値に変換することによって, $Z$ の平均を $0$, 分散を $1$ にすることができる.

さらに, $Z$ 値を $10$ 倍して $50$ を加えた数値を, 偏差値という. 偏差値の平均は $50$, 分散は $100$ である. 偏差値は単位を持たない数なので, 異なるデータの比較に適している.

### 例題 7.3（データの標準化）

ブック L7 に新しいシートを追加し, 名前を「L7-3」とする. 表 7.1 のデータを標準化し, 偏差値を求めてみよう. 図 7.2 に計算例を示す.

表 7.1　データの例

| 57 | 37 | 44 | 65 | 45 | 31 | 33 | 38 | 60 | 40 |
|----|----|----|----|----|----|----|----|----|----|

| | A | B | C | D | E | F |
|---|----|----|----|---|------|------|
| 1 | X | Z | 偏差値 | | | |
| 2 | 57 | =(A2-$F$1)/$F$2 | =B2*10+50 | | 平均値 | =AVERAGE(A2:A11) |
| 3 | 37 | =(A3-$F$2)/$F$3 | =B3*10+50 | | 標準偏差 | =STDEV.P(A2:A11) |
| 4 | 44 | =(A4-$F$2)/$F$3 | =B4*10+50 | | | |
| 5 | 65 | =(A5-$F$2)/$F$3 | =B5*10+50 | | | |
| 6 | 45 | =(A6-$F$2)/$F$3 | =B6*10+50 | | | |
| 7 | 31 | =(A7-$F$2)/$F$3 | =B7*10+50 | | | |
| 8 | 33 | =(A8-$F$2)/$F$3 | =B8*10+50 | | | |
| 9 | 38 | =(A9-$F$2)/$F$3 | =B9*10+50 | | | |
| 10 | 60 | =(A10-$F$2)/$F$3 | =B10*10+50 | | | |
| 11 | 40 | =(A11-$F$2)/$F$3 | =B11*10+50 | | | |

図 7.2　計算例

## 7.3 歪度と尖度

データが正規分布に当てはまっているかどうかを調べるために, 歪度と尖度という指標が用いられる. 歪度は分布の偏りを表す指標であり, データを $x_1, x_2, \ldots, x_n$ とするとき, 次のように

定義される.

$$b_1 = \frac{n}{(n-1)(n-2)} \sum_{i=1}^{n} \left( \frac{x_i - \overline{x}}{s} \right)^3$$

ここで，$\overline{x}$ は平均値であり，$s$ は次の式で定義される量（標本標準偏差）である．

$$s = \sqrt{\frac{1}{n-1} \sum_{i=1}^{n} (x_i - \overline{x})^2}$$

歪度が 0 のとき左右対称な分布，正のとき右に裾が伸びた分布，負のとき左に裾が伸びた分布となる．

一方，尖度は分布の裾の厚さ（頂上のとがり具合）を表す指標で，次のように定義される.

$$b_2 = \frac{n(n+1)}{(n-1)(n-2)(n-3)} \sum_{i=1}^{n} \left( \frac{x_i - \overline{x}}{s} \right)^4 - \frac{3(n-1)^2}{(n-2)(n-3)}$$

尖度が 0 のとき正規分布型，正のときとがった分布，負のとき平坦な分布となる.

Excel や Google スプレッドシートでは，歪度と尖度は，それぞれ SKEW( ) 関数と KURT( ) 関数で計算できる.

**使い方**　歪度　=SKEW(データ範囲)
　　　　　　尖度　=KURT(データ範囲)

### 例題 7.4（歪度と尖度）

付録データに表 7.2 に示すデータを含むシート「L7-4 データ」があるので，ブック L7 にコピーして，シート名を「L7-4」に変更する．このデータの平均値，分散，歪度，尖度を求めてみよう.

表 7.2　データの例

| 35 | 33 | 79 | 65 | 41 | 49 | 68 | 69 | 43 | 54 |
|----|----|----|----|----|----|----|----|----|----|
| 50 | 42 | 39 | 40 | 30 | 33 | 39 | 44 | 53 | 57 |

計算例を図 7.3 に示す．結果は，平均 48.15，分散 176.6，歪度 0.78，尖度 − 0.18 となって，正規分布よりやや平坦な分布で，右に裾が伸びた分布になっていることが分かる.

|   | A | B | C | D | E | F | G | H | I | J |
|---|----|----|----|----|----|----|----|----|----|----|
| 1 | 35 | 33 | 79 | 65 | 41 | 49 | 68 | 69 | 43 | 54 |
| 2 | 50 | 42 | 39 | 40 | 30 | 33 | 39 | 44 | 53 | 57 |
| 3 |  |  |  |  |  |  |  |  |  |  |
| 4 | 平均 |  | =AVERAGE(A1:J2) |  |  |  |  |  |  |  |
| 5 | 分散 |  | =VAR.P(A1:J2) |  |  |  |  |  |  |  |
| 6 | 歪度 |  | =SKEW(A1:J2) |  |  |  |  |  |  |  |
| 7 | 尖度 |  | =KURT(A1:J2) |  |  |  |  |  |  |  |

図 7.3　計算例

# 7.4 演習問題

(1) $X$ が正規分布 $N(5,1)$ に従うとき，$P(2 < X \leqq 8)$ を求めよ．

(2) 標準正規分布 $N(0,1)$ の下側 $2.5\%$ 点を求めよ．

(3) 次のデータを標準化し，偏差値を求めよ．

| 55 | 50 | 70 | 45 | 70 | 44 | 71 | 42 | 50 | 66 |
|----|----|----|----|----|----|----|----|----|----|

(4) 次のデータの平均値，分散，歪度，尖度を求めよ．

| 46 | 32 | 38 | 25 | 51 | 47 | 37 | 49 | 41 | 38 |
|----|----|----|----|----|----|----|----|----|----|

第**8**章

# 多次元データと
# 相関係数・回帰直線

　本章では，まず2次元量的データをスプレッド
シート上でどのように可視化するかについて学習
する．また，2次元量的データの特徴や性質を把
握するための記述統計量について理解し，それら
をスプレッドシート上で計算できるようにする．
次に2次元量的データを多次元量的データへ拡張
し，2次元量的データに対することと同様のこと
ができるようにする．

## 8.1　2次元量的データの可視化と散布図

　量的データとは，数値で正確に表せる，計測・計算が可能なデータである，ということを第2章で学んだ．2次元量的データとは，1回の計測・計算によって同時に取得できる情報が2つあるようなデータのことをいう．例えば，あるクラスの生徒の身長と体重は，生徒ごとに2つの情報となるため，2次元量的データといえる．また，日ごとに最高気温と最低気温が計測されていれば，それらも2次元量的データとなる．2次元量的データの可視化には散布図を用いるのが便利である．

**例題 8.1（散布図の作成）**

(1) ブックL8を作成し，その中にシート「L8-1」を作成する．また，ブックL8の中に付録データにあるシート「L8-1 気象」[1]をコピーし，実際に散布図を作成しよう．

　　**Excelの場合：** 気象シートに移動し，最高気温と最低気温の列を選択（図8.1-1）し，挿入タブ（図8.1-2）で散布図（図8.1-3・4）を選択する．

　　**Googleスプレッドシートの場合：** 気象シートに移動し，最高気温と最低気温の列を選択（図8.2-1）し，挿入タブ（図8.2-2）の中でグラフ（図8.2-3）を選択する．すると右側にグラフエディタが現れるので，そこでグラフの種類を散布図（図8.2-4）とする．

(2) 作成した散布図をシート「L8-1」に移動させ，軸ラベルなどを追加して図8.3のような図を作成しよう（回帰直線やそれに関連する項目は例題8.2で追加する）．

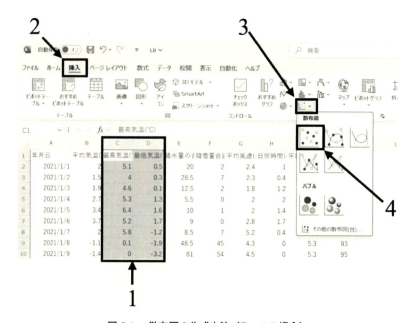

図 8.1　散布図の作成方法（Excelの場合）

---

[1]　このデータは2021年から2023年の福井市の気象データで気象庁のホームページからダウンロードしたものである．

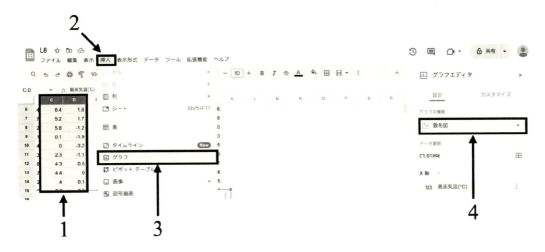

**図 8.2　散布図の作成方法（Google スプレッドシートの場合）**

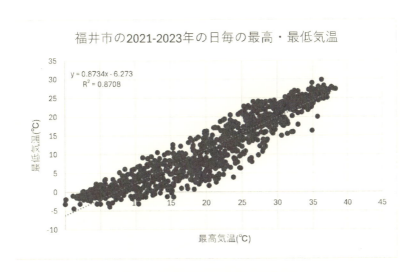

**図 8.3　最高気温と最低気温の散布図**

## 8.2　2次元量的データの記述統計量と相関係数・回帰直線

　2次元量的データにおいても，1次元量的データで扱った記述統計量（代表値など，データの分布や特徴を記述したり要約したりする指標）は有効である．ここでは特に2次元量的データに特有で最もよく使用される記述統計量について学習する．

　2つの次元の間の相関の強さを表す記述統計量に，相関係数がある．相関係数は以下のような式によって求めることができる．

$$r = \frac{\sum (x - \overline{x})(y - \overline{y})}{\sqrt{\sum (x - \overline{x})^2 \sum (y - \overline{y})^2}}$$

ここで $x$ はある次元のデータ，$y$ はもう 1 次元のデータを表す．また上付きバーはそれぞれのデータの平均値を表す．相関係数は $-1$ 以上 1 以下を値域として持つもので，大きいほど正の相関を持ち，小さいほど負の相関を持つことを示す．正（負）の相関とは，一方の値が大きくなれば他方の値が大きくなる（小さくなる）という関係を持つことをいう．一般に，絶対値で 0.6 から 0.8 以上の相関係数であれば，明確な相関があるといわれる．

　回帰分析は，求めたい要素の値に対し，他の要素がどの程度影響を与えているのかを分析する手法である．回帰直線は，回帰分析によって作成されるもので，2 次元量的データの散布図でデータ点に最もよく当てはまるように引いた直線である．回帰直線の傾きと切片によって，2 つの次元の間の線形関係を表すことができる．例題 8.2 で散布図に回帰直線を追加してみよう．

**例題 8.2（相関係数と回帰直線）**

(1) シート「L8-1」の B2 セルに「相関係数」と入力し，C2 セルで最高気温と最低気温の相関係数を計算しよう．アクティブセルを C2 セルに移し，図 8.4 の数式バーにあるように CORREL( ) 関数を使用する．Excel と Google スプレッドシートではシングルクォーテーションの有無に違いがあるので注意する．

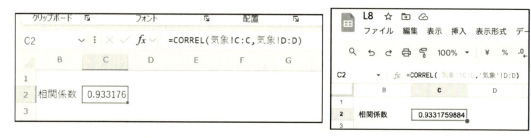

図 8.4　相関係数の求め方（左：Excel の場合，右：Google スプレッドシートの場合）

(2) 例題 8.1 で作成した散布図に回帰直線を追加しよう．

　**Excel の場合：** 散布図の点上で右クリックし（図 8.5-1），「近似曲線の追加」を選択すると（図 8.5-2），回帰直線が追加される．右に現れた近似曲線の書式設定において，「グラフに数式を表示する」や「グラフに R-2 乗値を表示する」を選択する（図 8.5-3）と，回帰直線の数式やその R-2 乗値もグラフに表示される．

　**Google スプレッドシートの場合：** 散布図の点上で右クリックし（図 8.6-1），系列（図 8.6-2），最低気温（℃）（図 8.6-3）を選ぶ．右側にグラフエディタが出現するので「方程式を使用」を選び（図 8.6-4），決定係数を表示するにチェックする（図 8.6-5）．

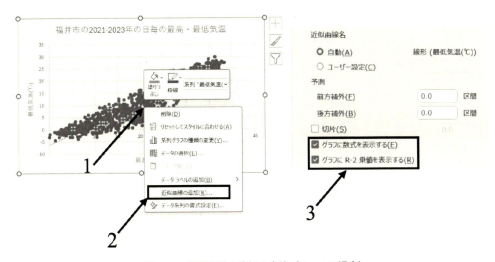

図 8.5　回帰直線の追加の方法（Excel の場合）

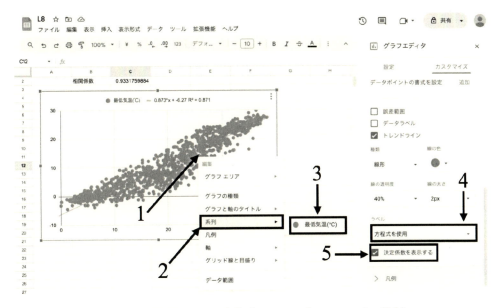

図 8.6　回帰直線の追加の方法（Google スプレッドシートの場合）

## 8.3　多次元量的データの可視化とコーナープロット

　多次元量的データとは，1 回の計測・計算によって同時に取得できる情報が多数あるようなデータのことをいう．例えば，日ごとに最高気温，最低気温，最高地温，最低地温が計測されていれば，それは 4 次元量的データということができる．情報の数が多くなればなるほど，データの特徴を把握するのは難しくなっていく．ここでは，多次元量的データの把握をより容易にする

ために，多次元量的データの可視化によく使われるコーナープロット（散布図行列）について学習する．

最高気温，最低気温，最高地温，最低地温からなる 4 次元量的データのコーナープロットは，図 8.7 のようになる．4×4 で 16 個のスペースがあり，左下の 6 つのスペースには 4 つのデータから 2 つのデータを抜き出して作成した散布図，対角線上のスペースには 4 つのデータそれぞれのヒストグラム，右上 6 つのスペースは空白となる．散布図の横軸のデータは縦方向に共通，縦軸のデータは横方向に共通となる．また，ヒストグラムの横軸も散布図の横軸のデータと縦方向に共通となる．$n$ 次元量的データのコーナープロットでは，ヒストグラムの数は次元数に対応して $n$ 個となり，散布図の数は $\frac{n(n-1)}{2}$ 個となる．

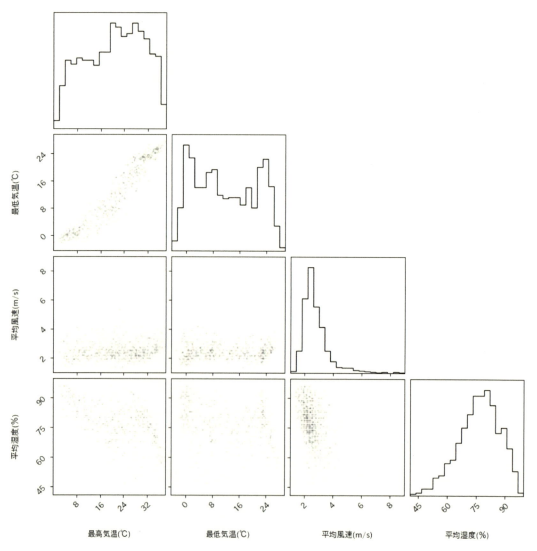

図 8.7　4 次元量的データのコーナープロット（Python から matplotlib と corner を呼び出して作成）

コーナープロットは 4 次元以上の量的データに特に有用である．2 次元量的データであれば散布図が直接の可視化になり，3 次元量的データであれば 3 次元空間での散布図が直接の可視化となる．しかし，4 次元空間，そしてそれ以上の次元空間の直接の可視化は容易ではない．そのため，コーナープロットのように，任意の 2 次元分を抽出して可視化したものが有用となるのである．

**例題 8.3（3 次元量的データのコーナープロットの作成）**

(1) 平均気温と平均湿度，平均気温と平均風速，平均湿度と平均風速の散布図を作成しよう．それぞれのグラフタイトルを消し，平均気温と平均湿度の散布図には横軸ラベル，平均気温と平均風速の散布図には横・縦軸ラベル，平均湿度と平均風速の散布図には横軸ラベルを記入する．平均湿度の範囲は 35 から 105 と設定する．

(2) 平均気温，平均湿度，平均風速のヒストグラムを作成しよう．

**Excel の場合：** 気象シートの B 列を選択し（図 8.8-1），挿入タブ（図 8.8-2）からおすすめグラフ（図 8.8-3）を選択する．グラフの挿入ウィンドウが現れるので，そこでヒストグラムを選び（図 8.8-4），OK ボタンを押す（図 8.8-5）．

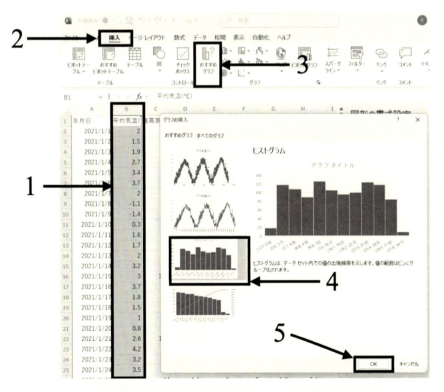

図 8.8 ヒストグラムの作成方法（Excel の場合）

**Google スプレッドシートの場合：** 気象シートの B 列を選択し（図 8.9-1），挿入タブ（図 8.9-2）からグラフ（図 8.9-3）を選ぶ．グラフエディタが現れるので，そこでヒストグラ

ムを選ぶ（図 8.9-4）．

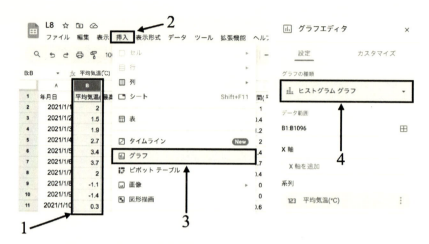

図 8.9　ヒストグラムの作成方法（Google スプレッドシートの場合）

(3) 3つのヒストグラムと3つの散布図を図 8.10 のように並べ，平均気温，平均湿度，平均風速の範囲が図の間で一致するように調整しよう[2]．

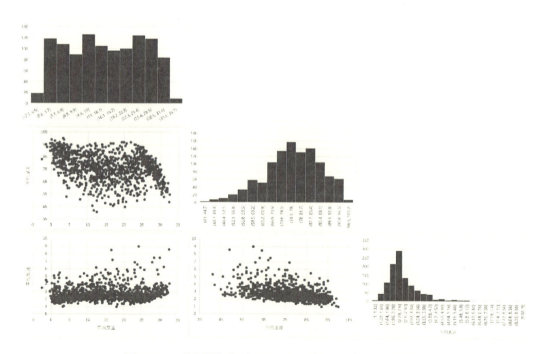

図 8.10　3 次元量的データのコーナープロット（Excel で作成）

---

2　本来はヒストグラムの横軸と散布図の横軸の範囲はそろえるべきだが，上記のようなヒストグラムの作成方法だと横軸の調整が困難なため，ここでは行わない．散布図と横軸の範囲をそろえたヒストグラムの作成は演習問題で行う．

## 8.4 演習問題

(1) 気象シートの任意の2つのデータに対して相関係数を計算し，相関のあるデータを探す．

(2) 例題 8.3(2) では各データのヒストグラムを作成した．しかし，同じデータにもかかわらず，ヒストグラムと散布図とで横軸の範囲が一致していなかった．ここでは平均気温のヒストグラムの横軸の範囲を調整する．

**Excel の場合：** ブック L8 内にシート「E8-2」を作成し，図 8.11(A) のような区間配列を用意する．ここでは，ヒストグラムの横軸の範囲を −5 から 35，ビン幅を 2.5 とする．その後セル C2 から C18 を選択し，第 4 章で学習した関数 FREQUENCY( ) を関数の挿入画面から選ぶ．関数の操作は図 8.11(B) のようになる．さらに図 8.11(C) のように数式バーに入力すると図 8.11(D) のようになる．セル C19 に数字が出てくるが，これはスピルと呼ばれているもので，今回は気にしなくてよい．セル B2 からセル C18 を使ってヒストグラムを作成すると，図 8.11(E) のようになる．

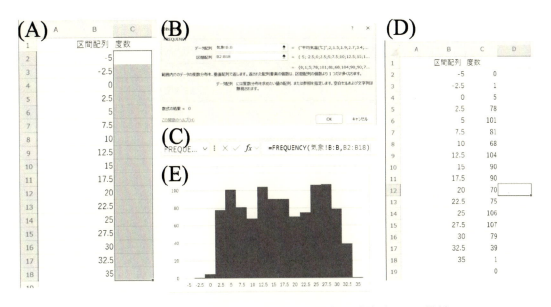

図 8.11　横軸範囲を調整したヒストグラムを作成する方法（Excel の場合）

**Google スプレッドシートの場合：** ブック L8 内にシート「E8-2」を作成し，図 8.12(A) のような区間配列を用意する．ここでは，ヒストグラムの横軸の範囲を −5 から 35，ビン幅を 2.5 とする．その後セル C2 を選択し，関数 FREQUENCY( ) を関数から選ぶ．FREQUENCY( ) の引数の書き方は図 8.12(B) のようになる．これを実行すると図 8.12(C) のようになる．セル C19 に数字が出てくるが，これはスピルと呼ばれるもので，今回は気にしなくてよい．

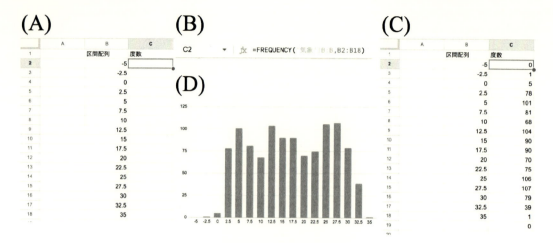

図 8.12　横軸範囲を調整したヒストグラムを作成する方法（Google スプレッドシートの場合）

(3) 気象シートから任意の 3 つのデータを選んでコーナープロットを描く．

第**9**章

# クロス集計・相関と因果

　2項目以上のデータを掛け合わせて集計することをクロス集計という．本章では，まず，主に質的データの関係性を分析する際に用いられるクロス集計について学習する．その後，第8章で学習した量的データの相関分析について，相関係数行列などを通して，より深く学習していく．また，相関分析において注意すべき，疑似相関や因果関係との違いについても確認する．

# 9.1 クロス集計

クロス集計とは，2項目以上のデータ（一般的には質的データ）の関係性を分析する方法である．第2章で学習したように，質的データ（質的変数）はカテゴリーなどの情報を区分するためのデータであり，カテゴリー変数とも呼ばれる．カテゴリー変数ごとにデータの平均や分散などの統計量を求める集計方法を単純集計と呼ぶが，クロス集計では2つ以上のカテゴリー変数を掛け合わせて集計するため，単純集計よりも詳細にデータの傾向を確認することができる．

クロス集計によって作成される表をクロス集計表と呼ぶ．例えば，資格試験やテストの合格の情報を性別と年齢の2つのカテゴリー変数でクロス集計すると，表9.1のようなクロス集計表で表される．クロス集計表では，表側（表の左側）と表頭（表の上側）にそれぞれの変数が配置され，この場合は，表側に性別が，表頭に年齢が配置されている．このように表すことで，合格者を年齢または性別のみで単純集計した場合に比べると，各性別のどの年齢層に合格者が多かったかなど，2変数の特徴を同時に把握することができる．

表 9.1　クロス集計表の例

| 合格者 | 10代 | 20代 | 30代 | 40代 | 50代 | 60代 | 70代 | 合計 |
|---|---|---|---|---|---|---|---|---|
| 男性 | 10 | 50 | 49 | 19 | 5 | 2 | 1 | 136 |
| 女性 | 11 | 38 | 24 | 39 | 15 | 0 | 0 | 127 |
| 合計 | 21 | 88 | 73 | 58 | 20 | 2 | 1 | 263 |

Excel や Google スプレッドシートでは，ピボットテーブルという機能を用いてクロス集計を行うことができる．例題9.1を通してその方法を確認しよう．

**例題 9.1（クロス集計表の作成）**

ブック L9 を作成する．付録データにある「L9 -1 アンケートの回答」というシートをブック L9 にコピーして，シート名を「L9-1」に変更する．このシートを用いて，以下の手順でクロス集計表を作成し，そこから何が分かるかを考えよう．

1. ピボットテーブルの挿入

図9.1に示すように，表の任意のセルを選択し，「挿入」タブまたはメニューバーの「挿入」ボタンから「ピボットテーブル」を選択する．

9.1 クロス集計

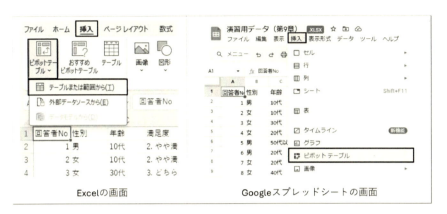

図 9.1　ピボットテーブルの挿入

2. データ範囲の確認とピボットテーブル作成場所の指定

　　図 9.2 に示す「ピボットテーブルの作成」画面で，以下の項目を確認する．Excel では「テーブル／範囲」，Google スプレッドシートでは「データ範囲」において，「アンケートの回答」シートの表全体が指定されていることを確認し，範囲が正しく指定されていない場合は，修正する．次にピボットテーブルを作成する場所を指定する．

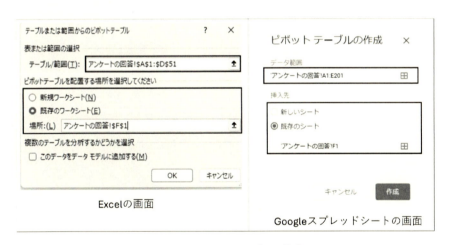

図 9.2　ピボットテーブルの作成

3. ピボットテーブルフィールドの設定

　　ピボットテーブルは，「フィルタ」「列」「行」「値」フィールドから構成される．以下の手順でフィールドを設定する．図 9.3 に示すように，画面右側に「ピボットテーブルのフィールド」または「ピボットテーブルエディタ」が表示される．Excel では，集計したいフィールドにチェックを入れると，チェックを入れたフィールドは「行」フィールドに入るため，ドラッグして目的にボックスに移動する．ここでは，「行」フィールドに「性別」と「年齢」を，「列」フィールドに「満足度」を，「値」フィールドに「回答者 No」を追加する．

83

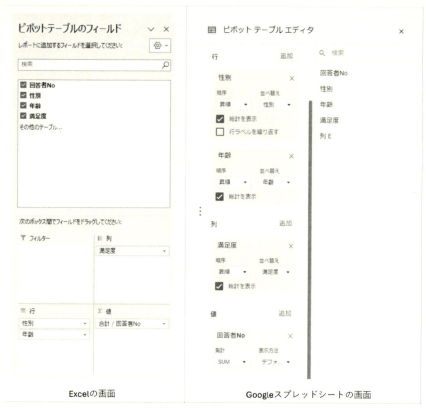

図 9.3　ピボットテーブルのフィールドの設定

4. 値フィールドの設定

　ピボットテーブルには，回答者 No を合計した値が入る．そのため，図 9.4 に示す値フィールドの設定から，個数を求めるように変更する．

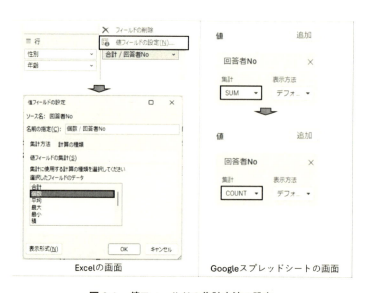

図 9.4　値フィールドの集計方法の設定

5. ラベルの修正

　　ピボットテーブルの「行ラベル」「列ラベル」を図 9.5 のように修正する.

| 回答者の人数 | 満足度 ▼ | | | | | |
|---|---|---|---|---|---|---|
| 性別 / 年齢 ▼ | 1. 非常に満足 | 2. やや満足 | 3. どちらともいえない | 4. やや不満 | 5. 非常に不満 | 総計 |
| 女 | 27 | 31 | 37 | 14 | 16 | 125 |
| 10代 | 5 | 10 | 7 | | | 22 |
| 20代 | 10 | 8 | 13 | 1 | 1 | 33 |
| 30代 | 6 | 7 | 7 | 2 | 2 | 24 |
| 40代 | 4 | 6 | 5 | 4 | 8 | 27 |
| 50代以上 | 2 | | 5 | 7 | 5 | 19 |
| 男 | 26 | 30 | 14 | 4 | 1 | 75 |
| 10代 | 2 | 8 | | 1 | | 11 |
| 20代 | 11 | 10 | 7 | | | 28 |
| 30代 | 10 | 6 | 3 | 1 | | 20 |
| 40代 | 2 | 5 | 1 | 1 | 1 | 10 |
| 50代以上 | 1 | 1 | 3 | 1 | | 6 |
| 総計 | 53 | 61 | 51 | 18 | 17 | 200 |

図 9.5　Excel のピボットテーブル機能を用いて作成したクロス集計表

# 9.2　相関係数行列

　第 8 章で，2 次元量的データの相関の程度を示す指標として相関係数について学習したが，多次元量的データの場合は，各変数間の相関係数を行と列に並べた相関係数行列を用いることが多い．例えば表 9.2 は，第 8 章で用いた気象データに含まれる「最高気温 (℃)」「最低気温 (℃)」「平均風速 (m/s)」「平均湿度 (%)」の 4 次元量的データの相関係数行列を求めたものである．相関係数行列の対角成分（行数と列数が等しい正方行列において，行番号と列番号が同じになる成分）は，各変数自身の相関に対応するため，値は常に 1 となり，非対角成分が相関係数になっている．また，「最高気温（℃）」と「最低気温（℃）」の相関係数の計算においては，どちらを第 1 変数としても結果は同じになる．このため，相関係数行列は対称行列で表される.

　相関係数行列は，Google スプレッドシートでは第 8 章で学習した CORREL( ) 関数を使って変数のペアごとに求めていく必要があるが，Excel の場合は分析ツールから一括で求めることができる．次の例題 9.2 で確認していく.

表 9.2　気象データの相関係数行列（第 8 章図 8.7 で扱った 4 次元変数に関して）

| | 最高気温 (℃) | 最低気温 (℃) | 平均風速 (m/s) | 平均湿度 (%) |
|---|---|---|---|---|
| 最高気温 (℃) | 1 | 0.933175988 | 0.091941424 | − 0.436718896 |
| 最低気温 (℃) | 0.933175988 | 1 | 0.072584811 | − 0.211051686 |
| 平均風速 (m/s) | 0.091941424 | 0.072584811 | 1 | − 0.420761842 |
| 平均湿度 (%) | − 0.436718896 | − 0.211051686 | − 0.420761842 | 1 |

## 例題 9.2（Excel の分析ツールを用いた相関係数行列の計算）

第 8 章で用いた付録データの「L8-1 気象」シートをブック L9 にコピーして，シート名を「L9-2」に変更する．このデータを用いて，そこに含まれる変数の相関係数行列を求めよう．なお，以下の操作は Excel に限定されるため，Google スプレッドシートを利用している場合は，CORREL( ) 関数を用いて，表 9.2 に示す相関係数行列を作成してみよう．

1. 分析ツールを利用するためには，アドインの「分析ツール」を有効化する．図 9.6 に示すように，「ファイル」タブから，画面左側メニューの「オプション」を選択する．「Excel のオプション」画面で，「アドイン」を選択し，管理で「Excel アドイン」を選択し，「設定」ボタンを押す．「アドイン」画面が開くので，「分析ツール」にチェックを入れる．

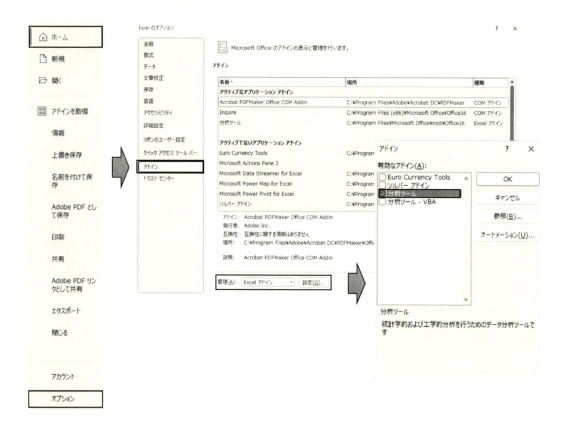

図 9.6　Excel の分析ツールの有効化

2. 分析ツールを有効化すると，図 9.7 に示すように，「データ」タブに「データ分析」ボタンが表示される．このボタンを押し，「データ分析」画面で，「相関」を選択する．

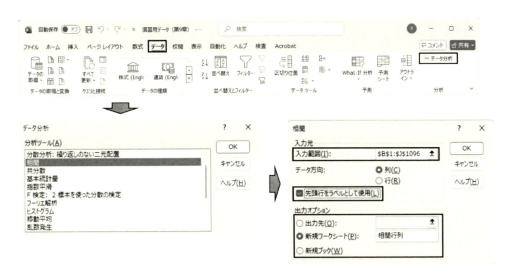

図 9.7　分析ツールを用いた相関係数行列の計算

3.「相関」画面で，データの範囲と出力先を指定する．

出力された相関係数行列から，どの変数間に強い相関があるかを確認しよう．

相関係数行列は，データ分析の初期の段階で用いることが多いが，同じく，散布図行列も初期段階で用いられる．散布図行列とは，第 8 章の例題 8.3 で行ったように，3 次元以上の量的データの変数のペアごとに散布図を作成し，それを行列の形式で配置したものである．図 8.7 で確認したように，複数の変数の相関関係を視覚的に捉えることができる．

## 9.3　疑似相関

ここまで相関について学習してきた．ところで，相関係数が高ければ，必ずその 2 つの変数は直接的に関係があるといえるだろうか．例えば，気温が高い日ほどアイスクリームやかき氷がよく売れるので，平均気温や最高気温とアイスクリームやかき氷の 1 日当たりの売上額のデータの相関をとると，強い正の相関を示すだろう．一方で，気温が高い日ほどプールや海水浴に出かける人も多く，通常時より水難事故が発生しやすい．そのため，気温と水難事故の発生件数も正の相関を示すだろう．これらのことから，アイスクリームやかき氷の 1 日当たりの売上額のデータと水難事故の発生件数のデータの相関をとった場合も強い相関を示すことが予想される．では，アイスクリームやかき氷の売り上げ件数と水難事故の発生件数という 2 つの変数には関係があるといえるだろうか．

このように，2 変数の間に直接的な相関がなくても，相関係数だけ見ると高い値を示すケースを疑似相関という．データを分析する際には，相関係数だけを頼りに強い相関があると判断するのではなく，疑似相関になっていないかにも注意する必要がある．

## 9.4 相関関係と因果関係

2つの変数が「原因と結果の関係にあること」を因果関係という．例えば，9.3節で説明したアイスクリームやかき氷の1日当たりの売上額のデータは気温データと強い相関関係にあるが，同時に，売上額の変化（結果）は気温の変化（原因）によって生じたものといえるので，因果関係にあるといえる．同様に，気温が高い日はエアコンの稼働率も上がるので，気温と消費電力量には因果関係があるといえる．一方で，表9.2に示した「最高気温 (℃)」と「最低気温 (℃)」の2変数は相関係数の値が0.9以上で，強い相関関係にあるといえるが，これらは原因と結果の関係にはない．このように，相関関係にあるからといって，必ずしも因果関係にあるわけではない（図9.8）．

図9.8　相関関係と因果関係

データ分析において，相関関係から因果関係を導いたり，因果関係の原因と結果を逆に捉えたりすることがないように注意したい．例えば，2012年に医学雑誌に，国ごとの「チョコレートの年間消費量」と「ノーベル賞受賞者数」に相関関係があることから，「チョコレートの摂取は認知機能を向上させ，ノーベル賞を受賞するための不可欠な要素である．各国のノーベル賞受賞者の数と密接に関連している．」と結論づけた研究が掲載された[1]．これは果たして正しい解釈といえるだろうか．この研究の結果では，「チョコレートの年間消費量」はGDPが高い国が集中していた．このように裕福な国ではチョコレートの他にも，研究や教育にかけられるお金にも余裕があることが予想される．したがって，チョコレート摂取量ではなく，国民1人当たりのGDPが高いなど，国が裕福であることがノーベル賞受賞の原因である可能性がある．このような原因と結果の変数に影響を及ぼす因子を交絡因子という．

因果関係の誤った解釈によって，「チョコレートを食べると頭が良くなる」などの誇大広告とともにチョコレートが販売され，それを見た多くの人が購入したけれども期待した効果が得られないなど，分析結果が悪用される可能性もある．2変数が因子関係にあるかを把握するためには因果推論という手法を用いて分析する．ここでは詳細は省略するが，相関や因子関係の解釈は慎重に行うようにしたい．

---

[1] F.H. Messerli, Chocolate Consumption, Cognitive Function, and Nobel Laureates, *The New England Journal of Medicine*, Vol.367, No.16, pp.1562-1564, 2012.

## 9.5 演習問題

(1) 第 2 章で紹介した総務省統計局「政府統計の総合窓口（e-Stat）」から，「16-1 都道府県，行動の種類別総平均時間 – 週全体，6 歳未満の子供がいる世帯の夫（夫婦と子供の世帯）」（2021 年調査）データをダウンロードせよ．このデータについて，以下の手順で調査せよ．

1. 各行動（睡眠，通勤・通学，仕事）に要する時間の相関係数行列と散布図行列を作成する．
2. e-Stat から都道府県ごとの 2021 年の人口が記録されたデータを探してダウンロードする．
3. 都道府県人口と①の各項目の相関係数行列を求め，都道府県人口と各種行動時間に相関があるかを調べる．

(2) 以下の手順でアンケートを作成して，その結果を分析せよ．

1. グループで議論して，大学生活など身の回りに関することについて調査するアンケートを作成する．何を知りたいか，そのためにはどのような調査項目が必要かも議論する．アンケートは，Google フォームを使って単一選択式の質問を 5 問程度作成する．
2. 1. で作成したアンケートを他のグループの人に回答してもらう．このとき，回答者のメールアドレスを取得しない設定にするなど，個人情報の取り扱いに注意すること．
3. 2. で収集したアンケートデータをダウンロードする．図 9.9 に示すように，Google フォームの「回答」タブから「スプレッドシートにリンク」横の「：」を選択し，「回答をダウンロード (.csv)」を選択する．ダウンロードされたファイルは，zip 形式に圧縮されているため，解凍後，第 2 章で学習した「データをスプレッドシートにインポートする方法」を用いてスプレッドシートに取り込む．

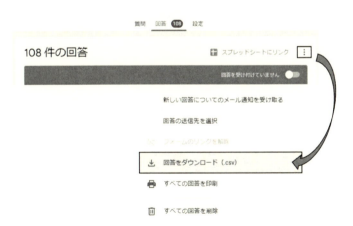

図 9.9　Google フォームからの回答のダウンロード方法

4. 回答データからクロス集計表を作成し，その結果から分かったことをグループで確認せよ．

# 第10章

# モンテカルロ法

　本章では，モンテカルロ法について学習する．モンテカルロ法は，シミュレーション・数値計算，統計学，強化学習などを，乱数を用いて行う手法の総称である．まずは，一様乱数を生成させる方法とその結果を可視化する方法を学ぶ．次に，モンテカルロ法を使った簡単な問題を解いてみる．最後により多様なモンテカルロ法を使用できるようになるために，一様乱数を基にして任意の分布の乱数を生成させる方法を学ぶ．

## 10.1 一様乱数の生成とその可視化

一様乱数とは，ある範囲内にある数値が同じ確率で出現する乱数のことをいう．ここでは，最も基本的な乱数である，0以上1未満の範囲の数値が同じ確率で出現する一様乱数を生成する．このような一様乱数を発生させる関数は，ExcelとGoogleスプレッドシートのどちらでもRAND( )という関数である．

**例題 10.1（一様乱数の生成）**

(1) ブックL10を作成し，さらにその中にシート「L10-1」を作成する．以下の手順により，一様乱数に従った10000個の数字を生成する．図10.1にはExcelでの方法を描いているが，Googleスプレッドシートでの方法も同様である．

1. セルA1に=RAND( )を入力して，一様乱数に従った1個の数字を生成する（図10.1(A)）．
2. セルA1からセルA100までオートフィルする（図10.2(B)）．
3. セルA1からA100までを選択し，セルCV1からCV100までオートフィルする（図10.3(C)）．ここで，CV列は左から100列目であることに注意．

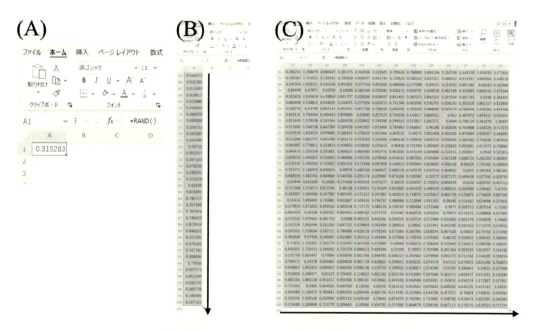

図 10.1　一様乱数に従う10000個の数字の生成方法（Excelの場合）

GoogleスプレッドシートはデフォルトではZ列までしかないため，図10.2にあるようにA列からZ列まですべて選択した状態で，右クリックをし，「右に26列を挿入」を選ぶ．これを3回繰り返せば，CZ列まで作成することができる．

10.1 一様乱数の生成とその可視化

図 10.2　Google スプレッドシートで列を増やす方法

(2) ヒストグラムを使って生成した 10000 個の数字が一様乱数に従っていることを確認しよう．図 10.3 には Excel での方法を描いているが，Google スプレッドシートでの方法も同様である．8.4 節 (2) の「Excel の場合」または「Google スプレッドシートの場合」の説明にあるように，区間配列を用意して FREQUENCY( ) 関数を用い，各区間の度数を計算する（図 10.3(A))．区間配列（区間は 0.05 とする）と度数を使ってヒストグラムを作り（図 10.3(B))，各ヒストグラムの高さがほぼ同じであることを確認する．縦軸の範囲を 0 から 540 とすると，各ヒストグラムの高さがほぼ同じであることがよく分かる．

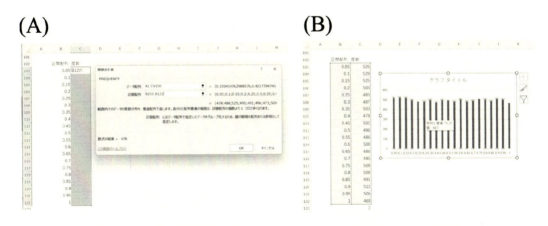

図 10.3　10000 個の数字の分布を示すヒストグラムの作成方法（Excel の場合）

## 10.2 モンテカルロ法による円周率の計算

モンテカルロ法の有用性を知るために，モンテカルロ法を使って円周率を求めてみよう．RAND( ) 関数を 2 回使って 2 つの数字を生成し，1 つ目の数字を $x$ 座標，2 つ目の数字を $y$ 座標とした点とする．この点の原点からの距離が 1 未満なら採用，1 以上なら不採用とする．採用される点は図 10.4 のような位置にある点なので，面積の比較から，採用される点の割合は生成した点に対して $\frac{円周率}{4}$ となる．この割合を $f$，円周率を $\pi$ とすると，$f = \frac{\pi}{4}$ より，$\pi = 4f$ となる．この考え方を基に円周率 $\pi$ を計算する．

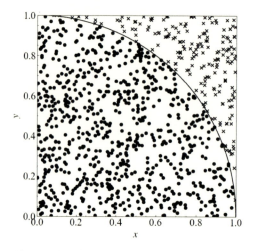

図 10.4　モンテカルロ法で円周率を求めるための概念図（黒点は採用の点，× 点は不採用の点）

**例題 10.2（円周率の計算）**

以下の手順で計算しよう．

1. シート「L10-2」を作成し，セル A1 に $x$ 座標，セル B1 に $y$ 座標，セル C1 に原点からの距離と記入する．
2. セル A2 で RAND( ) 関数を用い，一様乱数に従う数字を発生させる．それをセル B2 へオートフィルする．
3. セル A2 から B2 を選択し，セル B101 までオートフィルして，$x$ 座標と $y$ 座標が一様乱数に従う 100 個の点を生成する．
4. セル C2 に 2 行目の点の原点からの距離を計算する．ここでは SQRT( ) 関数を使う．
5. オートフィルして，101 行目までの点の原点からの距離を計算する．
6. COUNTIF( ) 関数を使って $f$ を計算しつつ，円周率 $\pi$ を計算する．
7. 発生させる点の数を 1000, 10000 と増やしていくと，$\pi = 3.141\ldots$ に近づいていくことを確認する．

## 10.3　範囲が0から1以外の一様乱数

　ここまでは0から1の範囲の一様乱数に従う数字を生成してきたが，それ以外の範囲の一様乱数を生成しなければならないときがある．

**例題 10.3（範囲を指定した一様乱数）**

(1) シート「L10-3」を作成し，セル A1 に1から2の範囲の一様乱数に従う数字を生成する．このときセル A1 に＝RAND( )+1 と入力する．さらに例題 10.1(2)(3) のように 10000 個の数字を生成し，そのヒストグラムを作成する．生成した数字が1から2の範囲で一様分布をしていることを確認しよう（図 10.5）．

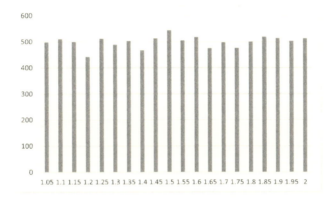

図 10.5　1から2の間に一様に分布する乱数によって生成された数字のヒストグラム

(2) シート「L10-4」を作成し，セル A1 に0から2の範囲の一様乱数に従う数字を生成する．このときセル A1 に＝2*RAND( ) と入力する．上の問題と同様に意図した乱数が生成できているかを確認しよう（図 10.6）．

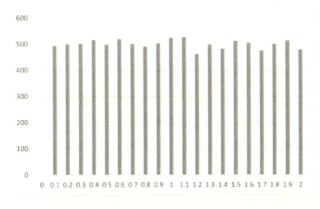

図 10.6　0から2の間に一様に分布する乱数によって生成された数字のヒストグラム

(3) シート「L10-5」を作成し，セル A1 に=2*RAND( )-1 と入力し，−1 から 1 の範囲で一様乱数に従う数字を生成する[1]．以下，上の (1) と同様のことを行い，−1 から 1 の範囲で一様乱数に従う数字を生成できているかどうか確認しよう（図 10.7）．

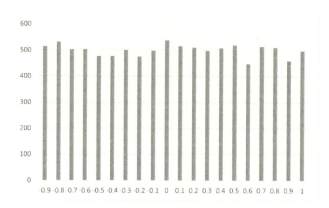

図 10.7　−1 から 1 の間に一様に分布する乱数によって生成された数字のヒストグラム

## 10.4　任意の分布に従う乱数の生成

ここまで一様乱数の生成の仕方を学んだ．ここでは一様乱数を基にして任意の乱数分布を生成してみよう．この方法の一つに逆関数法がある．関数 $f(x)(x_l \leq x < x_u)$ に従う乱数を求めたい場合，以下のように行う．まず $f(x)$ を不定積分し，原始関数 $F(x)$ を求める．このとき $F(x_l) = 0$ となるように積分定数を設定する．さらに $F(x)$ の逆関数 $F^{-1}(x)$ を求め，この逆関数 $F^{-1}(x)$ の引数 $x$ に一様乱数で生成した数字を代入すると，関数 $f(x)$ に従う乱数が得られる．

**例題 10.3（簡単な形の確率密度関数に従う乱数の生成）**

(1) $f(x) = 3x^2 (0 \leq x < 1)$ に従う乱数を生成する場合，$F^{-1}(x) = x^{1/3}$ である．シート「L10-6」を作成し，セル A1 に=RAND( )^(1/3) を入力しよう．後は例題 10.1(2), (3) と同様に 10000 個の数字を生成し，そのヒストグラムを作成すれば，$f(x)$ に従う乱数が生成されていることが分かる．

(2) 生成された数字が関数 $f(x)$ に従っているかどうか確かめよう．n 個の数字を生成した場合，範囲 $a \leq x < b$ の数字の数は $n \int_a^b F(x)\,dx$ となる．今回の場合は $10000(b^3 - a^3)$ となり，これを基に区間配列 $a$，区間の幅 $\triangle a$ に対して予想される度数（予想度数）は $10000\left[a^3 - (a - \triangle a)^3\right]$ となる．生成した数字のヒストグラム（度数）と，予想度数から生成したヒストグラム（予想度数）を比較すると，図 10.8 のようになり，2 つのヒストグラムはよく一致していることが分かる．

---

[1] RANDBETWEEN( ) 関数は整数を返す関数なので，そのままでは上の目的に使用できず，工夫が必要になる．

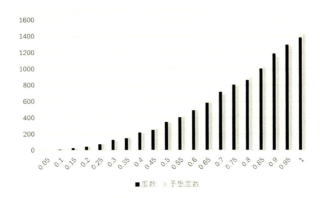

図 10.8　生成した数字のヒストグラム（度数）と予想度数の比較

## 10.5　演習問題

(1) 10 から 20 の範囲で一様に分布する乱数を生成せよ．

(2) モンテカルロ法で半径 1 の球の体積の近似値を求める（図 10.9 参照）．セル A1, B1, C1 にそれぞれ $x, y, z$ 座標と入力する．セル A2, B2, C2 にそれぞれ RAND( ) 関数を使って，一様乱数に従う数字を生成する．セル A2 から C2 までを選択し，セル C10001 までオートフィルする．セル D1 に原点からの距離と入力し，セル D2 で SQRT(A2^2+B2^2+C2^2) を計算し，D10001 までオートフィルする．COUNTIF( ) 関数を使って原点からの距離が 1 より小さい点の数を数え，その値を生成した数字の数（ここでは 10000）で割った後に 8 倍すると，半径 1 の球の近似値が得られる（図 10.9 の数式バーを参照）．

図 10.9　半径 1 の球の体積の近似値を求める方法

(3) $f(x) = 4x^3$ $(0 \leq x < 1)$ に従う乱数を生成せよ．

(4) $f(x) = \frac{1}{2}\sin x \ (0 \leq x < \pi)$ に従う乱数を生成し，その分布が正しいかどうか確かめよ（図 10.10）．

● ヒント：この場合，$F^{-1}(x) = \cos^{-1}(1 - 2x)$ となり，$\cos^{-1} x$ は ACOS( ) 関数によって求めることができる．

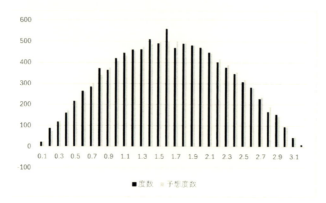

図 10.10　生成した乱数（度数）と予想度数の比較

# 第11章

# 二項分布と正規分布

　本章では，統計学で最も基本的な二項分布と正規分布，またその2つの関係について学習する．まず二項分布について学習し，さらに二項分布に従う乱数をモンテカルロ法によって生成する．これと同様のことを正規分布に対しても行う．次に作成した二項分布と正規分布をそれぞれ可視化する．最後にある極限で二項分布が正規分布へと収束することを，自分で手を動かすことによって確かめる．

## 11.1 ベルヌーイ試行

二項分布について学ぶ前に，ベルヌーイ試行というものを知る必要がある．ベルヌーイ試行というのは，「コインを投げたときに表が出るか裏が出るか」のように，何かを行ったときに起きる結果が 2 つしかないようなもののことをいう．一般に，2 つの結果のうち一方を成功として確率変数 $X$ がとる値を 1，もう一方を失敗として確率変数がとる値を 0 とする．さらに成功の確率を $p$ とする．このとき成功と失敗の確率は $P(X=1)=p$, $P(X=0)=1-p$ と表すことができる．

**例題 11.1（ベルヌーイ試行）**

(1) $p=0.5$ のベルヌーイ試行を RAND( ) 関数を使って実装しよう．ブック L11 を作成し，そこにシート「L11-1」を作る．セル A1 に RAND( ) 関数を使って，一様乱数を発生させる．セル B1 に IF( ) 関数を使ってセル A1 を参照し，セル A1 の値が 0.5 以上なら 1，そうでないなら 0 を返すようにする（図 11.1 の数式バーを参照）．

図 11.1 ベルヌーイ試行の実装

(2) $p=0.75$ のベルヌーイ試行を RAND( ) 関数を使って実装しよう．例題 11.1(1) の 0.5 を 0.75 とすればよい．

## 11.2 二項分布

二項分布とは，ベルヌーイ試行を $n$ 回行って，成功する回数 X が従う確率分布のことである．$n$ 回のベルヌーイ試行を行って $k$ 回成功する確率，すなわち X=$k$ となる確率は，$P(X=k) = {}_nC_k p^k (1-p)^{n-k}$ $(k=0,1,2,\ldots,n)$ となる．例えば，コインを 10 回投げて表が 2 回出る確率は，表が出る確率が $p=0.5$ であるため，$P(X=2) = {}_{10}C_2 0.5^2 (1-0.5)^{10-2} \cong 0.044$ となる．

**例題 11.2（二項分布）**

(1) シート「L11-2」を作成する．コインを 10 回投げて表が $k$ 回出る確率を求め，横軸に表が出る回数 $k$，縦軸にその確率 $P(X=k)$ をとった散布図を描こう．散布図の描き方は前節までに学んでいるため，ここではコインを 10 回投げて表が $k$ 回出る確率を計算する方法を述べる．

1. セル A1 から A11 まで，0 から 10 の数をオートフィルを使って入力する．

2. セル B1 に $_nC_k$ を計算する COMBIN( ) 関数を使用して，コインを 10 回投げて表が 0 回出る確率を計算する．このときセル A1 を参照する．セル B1 への入力方法は，図 11.2 の数式セルを参照するとよい．

後はオートフィルすれば $k = 1, \ldots, 10$ の場合の確率も計算できる．図 11.2 では，確率の総和が 1 になっているかをセル B12 で確認している．

| B1 | | $f_x$ | =COMBIN(10,A1)*0.5^10 | | | |
|---|---|---|---|---|---|---|
| | A | B | C | D | E | F |
| 1 | 0 | 0.000977 | | | | |
| 2 | 1 | 0.009766 | | | | |
| 3 | 2 | 0.043945 | | | | |
| 4 | 3 | 0.117188 | | | | |
| 5 | 4 | 0.205078 | | | | |
| 6 | 5 | 0.246094 | | | | |
| 7 | 6 | 0.205078 | | | | |
| 8 | 7 | 0.117188 | | | | |
| 9 | 8 | 0.043945 | | | | |
| 10 | 9 | 0.009766 | | | | |
| 11 | 10 | 0.000977 | | | | |
| 12 | | 1 | | | | |

**図 11.2　コインを 10 回投げて表が $k$ 回出る確率を計算する方法**

(2) シート「L11-3」を作成し，コインを 10 回投げる試行を Excel に表現しよう．以下のように，例題 11.1(1) と同様のことをセル A1 と B1 に行う．

1. セル A1 と B1 を選択し，セル B10 までオートフィルする．

2. 最後にセル B11 でコインの表が出た回数を求めるために，SUM( ) 関数を使ってセル B1 から B10 の値を合計する．

最終的な結果は図 11.3 のようになる．

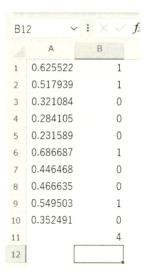

図 11.3　コインを 10 回投げる試行の Excel での表現

(3) このコインを 10 回投げる試行を 100 回繰り返そう．このために，セル A1 から B11 を選択し，セル GR11 までオートフィルする．結果は図 11.4 のようになる．

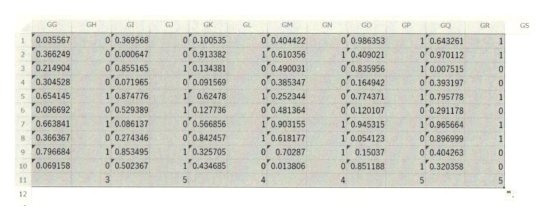

図 11.4　コインを 10 回投げる試行を 100 回繰り返した結果

(4) コインを 10 回投げて表が出た回数の分布が二項分布に近いことを，以下の手順で確認しよう．

1. 図 11.5 のような表を作成する．
2. セル C15 で FREQUENCY( ) 関数を使い，コインを 10 回投げて表が $k$ 回出た回数を数える．このときデータ配列にはセル A11 から GR11 を，区間配列にはセル B15 から B25 を選択する．

3. セル D15 にコインを 10 回投げて表が $k$ 回出る予想回数を計算する．この計算は例題 11.2(1) で行った計算に 100 をさらに掛けることで行うことができる．

| | A | B | C | D |
|---|---|---|---|---|
| 13 | | | | |
| 14 | | 区間配列 | コインを10回投げて表がk回出た回数 | コインを10回投げて表がk回出る予想回数 |
| 15 | | 0 | | |
| 16 | | 1 | | |
| 17 | | 2 | | |
| 18 | | 3 | | |
| 19 | | 4 | | |
| 20 | | 5 | | |
| 21 | | 6 | | |
| 22 | | 7 | | |
| 23 | | 8 | | |
| 24 | | 9 | | |
| 25 | | 10 | | |

図 11.5　コインを 10 回投げて表が $k$ 回出た回数を数えるための表

(5) 図 11.5 の表のセル B14 から D25 までを選択し，コインを 10 回投げて表が $k$ 回出た回数とコインを 10 回投げて表が $k$ 回出る予想回数のヒストグラムを作成する．2 つのヒストグラムの形が似ていることを確認しよう．図 11.6 のような形になる．RAND( ) 関数は実行するたびに異なる値を返すため，厳密に図 11.6 と一致しなくてよい．

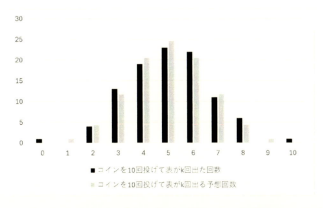

図 11.6　コインを 10 回投げて表が $k$ 回出た回数とその予想回数のヒストグラム

## 11.3 正規分布

第7章でも述べた通り，正規分布とは連続確率分布の一つで，データが平均の付近に集積する分布である．典型的な代表値である平均値・最頻値・中央値がすべて一致すること，平均値を中心にして左右対称な分布であることを特徴とする．平均を $\mu$，分散を $\sigma^2$ とすると，正規分布は $P(X) = \frac{1}{\sqrt{2\pi\sigma^2}} \exp\left(-\frac{(X-\mu)^2}{2\sigma^2}\right)$ と書ける．

**例題 11.3（正規分布）**

$\mu = 0$，$\sigma = 1$ の場合の正規分布をグラフで描こう．

1. シート「L11-4」を作成する．A列に $-10$ から $10$ までの数字を $0.1$ ごとに入力する．このときオートフィルを使う．
2. セル B1 でセル A1 を参照しながら $X = 1$ のときの確率を計算する．円周率には PI( ) 関数を，exp 関数の計算には EXP( ) 関数を使用する．これをセル B201 までオートフィルする．
3. A列とB列を選択し，図の挿入から折れ線グラフを選び，正規分布を描く（図 11.7）．

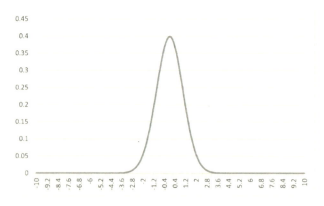

図 11.7　正規分布

## 11.4　二項分布の正規分布への収束

二項分布は試行回数 $n$ が大きく，かつ $np \gg 1$ のときに正規分布に収束する．

**例題 11.4（二項分布の正規分布への収束）**

$n=20$，$p=0.5$ という試行を 200 回行って，その確率分布が二項分布と一致するか確かめよう．

1. シート「L11-5」を作成する．コインを 20 回投げることを 1 つの試行とし，その試行を 200 回繰り返す．これは例題 11.2(2), (3) を参考にするとよい．ただし，例題 11.2(3) では GR11

までオートフィルしたが，今回は OJ21 までオートフィルする．

2. 図 11.8 のようにコインを 20 回投げて表が $k$ 回出た回数を集計する表を作成する．例題 11.2(4) で行ったようにすれば，コインを 20 回投げて表が $k$ 回出た回数を数えることができる．

| | A | B | C | D | E |
|---|---|---|---|---|---|
| 22 | | | コインを 20回投げて表がk回出た回数 | 正規分布から予想される20回投げて表がk回出る回数 | |
| 23 | | 区間配列 | | | |
| 24 | | 0 | | | |
| 25 | | 1 | | | |
| 26 | | 2 | | | |
| 27 | | 3 | | | |
| 28 | | 4 | | | |
| 29 | | 5 | | | |
| 30 | | 6 | | | |
| 31 | | 7 | | | |
| 32 | | 8 | | | |
| 33 | | 9 | | | |
| 34 | | 10 | | | |
| 35 | | 11 | | | |
| 36 | | 12 | | | |
| 37 | | 13 | | | |
| 38 | | 14 | | | |
| 39 | | 15 | | | |
| 40 | | 16 | | | |
| 41 | | 17 | | | |
| 42 | | 18 | | | |
| 43 | | 19 | | | |
| 44 | | 20 | | | |
| 45 | | | | | |

図 11.8 コインを 20 回投げて表が $k$ 回出た回数を数えるための表

3. コインを 20 回投げて表が出る平均値は 10 回であるため $\mu = 10$ であり，分散が 5 であるため $\sigma^2 = 5$ である．これらを用いて正規分布から予想される 20 回投げて表が $k$ 回出る回数をセル D24 から D44 まで計算する．このとき，正規分布から求められる確率に試行回数 200 回を掛ける必要があることに注意．

4. 2, 3 で作成した値を使ってヒストグラムを描き，コインを 20 回投げて表が $k$ 回出た回数と正規分布から予想される 20 回投げて表が $k$ 回出る回数を比較しよう．うまくいくと図 11.9 のような図となる．

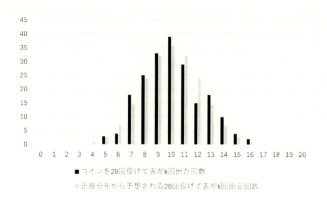

図 11.9　二項分布の正規分布への収束の確認

## 11.5　演習問題

(1) RAND( ) 関数と IF( ) 関数を使ってサイコロを実装せよ．

(2) サイコロを 10 回投げることを 1 試行とし，これを 100 試行繰り返す．各試行で 6 が出た回数の分布と正規分布を比較せよ．

(3) 上と同様に 100 試行を繰り返し，3 の倍数が出た回数の分布と正規分布を比較せよ．

# 第12章

# ポアソン分布と正規分布

本章では，自然界，人間社会のどちらでもよく現れるポアソン分布について学習する．ポアソン分布は，起こる確率は低いが起こったときには大きな影響があるような現象を記述するのに有用なものである．まずポアソン分布がどのようなものかを学ぶ．次にポアソン分布を自分の手を動かすことによって生成し，可視化する．最後に，ポアソン分布がある極限において正規分布に収束することを確かめる．

## 12.1 ポアソン分布

ポアソン分布とは，ある事象が一定の時間内に発生する回数を表す離散確率分布である．ある事象が一定の時間内に起こる回数を $k$ とし，確率変数 $X$ が $P(X=k) = \frac{\lambda^k e^{-\lambda}}{k!}$ に従うとき，確率変数 $X$ は母数 $\lambda(>0)$ のポアソン分布に従うという．ここで $\lambda$ は一定の時間内に事象が起こる回数の平均である．ポアソン分布の特徴として，確率変数 $X$ の平均も分散も $\lambda$ と等しくなることが挙げられる．

**例題 12.1（ポアソン分布の可視化）**

(1) ブック L12 にシート「L12-1」を作成し，以下の手順でシート「L12-1」内に $\lambda=1$ のポアソン分布を描こう．このとき横軸は $k$，縦軸は $P(X=k)$ とする．

1. セル A1 に $k$，セル B2 に $\lambda=1$ と入力し，セル A2 から A21 まで $1, 2, \ldots, 20$ を入力する．
2. セル B2 で $P(X=1)$ を計算する．ただし階乗は FACT( ) 関数で計算できる（図 12.1 の数式バーを参照）．
3. オートフィルを使って $P(X=k)\,(k=2,3,\ldots,20)$ を計算する．
4. セル A2 からセル B21 までを選択し，散布図を作成する．

セル A1 から B21 や，散布図は図 12.1 のようになる．

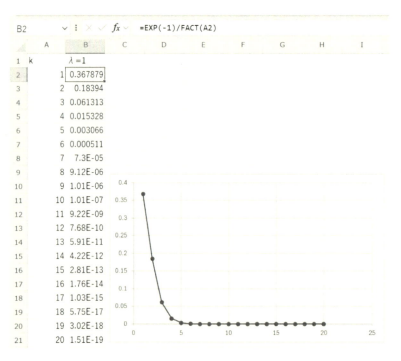

図 12.1　$\lambda=1$ のポアソン分布

(2) $\lambda = 1, 4, 10$ と変えたとき，ポアソン分布がどのように変化するか以下の手順で調べよう．

1. 例題 12.1(1) に続けて，セル C1 に $\lambda$=4，セル D1 に $\lambda$=10 と入力する．
2. セル C2 に $\lambda = 4$ の場合の $P(X = 1)$ を，セル D2 に $\lambda = 10$ の場合の $P(X = 1)$ を計算する（図 12.2 の数式バーを参照）．
3. オートフィルでそれぞれの場合の $P(X = k)\,(k = 2, 3, \ldots, 20)$ を計算する．
4. セル A1 から D20 を選択して散布図を作成する．

図 12.2 に最後の様子を示す．

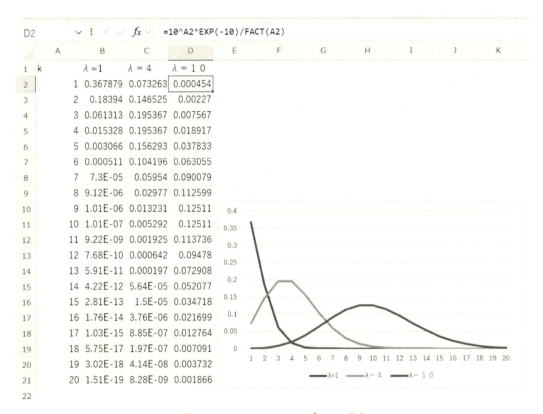

図 12.2　$\lambda = 1, 4, 10$ のポアソン分布

## 12.2 モンテカルロ法によるポアソン分布の生成

モンテカルロ法を使うと，ポアソン分布に従うような事象を再現することができる．

**例題 12.2（ポアソン分布に従う事象）**

(1) ブック L12 にシート「L12-2」を作成し，以下のやり方で $\lambda = 1$ のポアソン分布に従う事象を再現しよう．

1. セル A1 で一様乱数に従う乱数を生成する．
2. オートフィルを使って，A100 まで一様乱数に従う乱数を生成する．
3. セル A1 から A100 に生成された乱数のうち 0.99 以上の数字の数をセル A101 で数える．このとき COUNTIF( ) 関数を使用する．セル A101 の中身は図 12.3 の数式バーを参照する．

図 12.3　一様乱数に従う乱数の生成と 0.99 以上の数字の数の計算

(2) 例題 12.2(1) を 100 回繰り返そう．これはセル A1 から A101 を選択し，セル CV101 までオートフィルすることで実現できる．

(3) 図 12.4 のように区間配列 $k$ をセル B104 から B124 に，100 回一様乱数を生成したときに 0.99 以上が出た回数を C104 から C124 に，$\lambda = 1$ のポアソン分布の確率 $P(X = k)$ に 100 を掛けた値を D104 から D124 に計算しよう．C 列の計算には FREQUENCY( ) 関数を用いる．このときデータ配列には A101 から CV101 を，区間配列には B104 から B124 を選択する（図 12.4 の数式バーを参照）．

(4) セル B103 から D124 を選択して図 12.5 のような折れ線グラフを描き，例題 12.2(2) の結果とポアソン分布がどの程度一致するのかを確認しよう．

## 12.2 モンテカルロ法によるポアソン分布の生成

| | A | B | C | D |
|---|---|---|---|---|
| | | k | 100回一様乱数を生成したときに0.99以上が出た回数 | $\lambda=1$ のポアソン分布の確率 $P(X=k)$ に100を掛けた値 |
| 103 | | | | |
| 104 | | 0 | 32 | 36.78794 |
| 105 | | 1 | 33 | 36.78794 |
| 106 | | 2 | 24 | 18.39397 |
| 107 | | 3 | 8 | 6.131324 |
| 108 | | 4 | 2 | 1.532831 |
| 109 | | 5 | 1 | 0.306566 |
| 110 | | 6 | 0 | 0.051094 |
| 111 | | 7 | 0 | 0.007299 |
| 112 | | 8 | 0 | 0.000912 |
| 113 | | 9 | 0 | 0.000101 |
| 114 | | 10 | 0 | 1.01E-05 |
| 115 | | 11 | 0 | 9.22E-07 |
| 116 | | 12 | 0 | 7.68E-08 |
| 117 | | 13 | 0 | 5.91E-09 |
| 118 | | 14 | 0 | 4.22E-10 |
| 119 | | 15 | 0 | 2.81E-11 |
| 120 | | 16 | 0 | 1.76E-12 |
| 121 | | 17 | 0 | 1.03E-13 |
| 122 | | 18 | 0 | 5.75E-15 |
| 123 | | 19 | 0 | 3.02E-16 |
| 124 | | 20 | 0 | 1.51E-17 |
| 125 | | | 0 | |

C104 fx =FREQUENCY(A101:CV101,B104:B124)

図 12.4　例題 12.2(2) の結果の集計方法

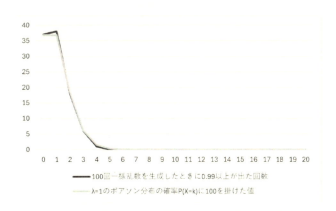

図 12.5　例題 12.2(2) の結果とポアソン分布の比較．

## 12.3 ポアソン分布の正規分布への収束

λ が十分大きいポアソン分布に従う事象は，正規分布へと収束する．例題 12.3 で確認しよう．

**例題 12.3（正規分布への収束）**

(1) ブック L12 にシート「L12-3」を作成し，例題 12.2(1) と同様のやり方で $\lambda = 10$ のポアソン分布に従う事象を再現しよう．例題 12.2(1) と異なるのは，セル A1 から A100 に生成された乱数のうち 0.99 以上の数字の数を数えるのではなく，0.9 以上の数字の数を数えることにある（図 12.6 の数式バーを参照）．

図 12.6　一様乱数に従う乱数の生成と 0.9 以上の数字の数の計算

(2) 例題 12.3(1) を 100 回繰り返そう．これは例題 12.2(2) と同じやり方で実現できる．

(3) 図 12.7 のように区間配列 k をセル B104 から B124 に，100 回一様乱数を生成したときに 0.9 以上が出た回数を C104 から C124 に，平均 10・分散 10 の正規分布に 100 を掛けた値を D104 から D124 に計算しよう．C 列の計算は例題 12.2(3) と同様である．

(4) 例題 12.2(4) と同様に，セル B103 から D124 を選択して図 12.5 のような折れ線グラフを描こう．例題 12.3(2) の結果と正規分布がどの程度よく一致するのかを確認こう（図 12.8 参照）．

## 12.3 ポアソン分布の正規分布への収束

| | A | B | C | D |
|---|---|---|---|---|
| | | k | 100回一様乱数を生成したときに0.99以上が出た回数 | 平均10・分散10の正規分布に100を掛けた値 |
| 104 | | 0 | 0 | 0.085004 |
| 105 | | 1 | 0 | 0.219795 |
| 106 | | 2 | 0 | 0.514242 |
| 107 | | 3 | 0 | 1.088651 |
| 108 | | 4 | 2 | 2.085355 |
| 109 | | 5 | 2 | 3.614448 |
| 110 | | 6 | 5 | 5.668583 |
| 111 | | 7 | 7 | 8.044102 |
| 112 | | 8 | 11 | 10.32883 |
| 113 | | 9 | 12 | 12.00039 |
| 114 | | 10 | 14 | 12.61566 |
| 115 | | 11 | 10 | 12.00039 |
| 116 | | 12 | 15 | 10.32883 |
| 117 | | 13 | 10 | 8.044102 |
| 118 | | 14 | 6 | 5.668583 |
| 119 | | 15 | 0 | 3.614448 |
| 120 | | 16 | 4 | 2.085355 |
| 121 | | 17 | 0 | 1.088651 |
| 122 | | 18 | 1 | 0.514242 |
| 123 | | 19 | 1 | 0.219795 |
| 124 | | 20 | 0 | 0.085004 |
| 125 | | | 0 | |

数式バー: =FREQUENCY(A101:CV101,B104:B124)

図 12.7　例題 12.3(2) の結果の集計方法

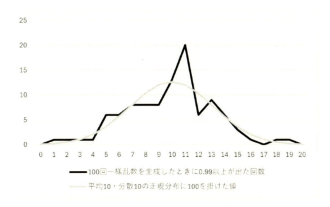

図 12.8　例題 12.3(2) の結果と正規分布の比較

113

## 12.4 演習問題

(1) $\lambda=1$, 4, 10 のポアソン分布の平均・分散が $\lambda$ になることを確認せよ.

(2) $\lambda=3$, 15, 30 のポアソン分布を描け.

(3) 例題 12.3 で行ったことを $\lambda=1,4$ でも行い，小さい $\lambda$ のときにポアソン分布と正規分布はどの程度よく一致するのかを確認せよ.

# 参考文献

[1] 数理・データサイエンス・AI 教育強化拠点コンソーシアム：モデルカリキュラム（リテラシーレベル）.
http://www.mi.u-tokyo.ac.jp/consortium/model_literacy.html（2024 年 12 月 24 日閲覧）

[2] 内田誠一, 川崎能典, 孝忠大輔, 佐久間淳, 椎名洋, 中川裕志, 樋口知之, 丸山宏：『教養としてのデータサイエンス』
（データサイエンス入門シリーズ, 北川源四郎, 竹村彰通 編）, 講談社 (2021).

[3] 独立行政法人統計センター：SSDSE の利活用事例.
https://www.nstac.go.jp/use/literacy/ssdse/utility/（2024 年 12 月 24 日閲覧）

[4] 『確率統計（第 2 版）』（工学系数学テキストシリーズ, 上野健爾 監修, 工学系数学教材研究会 編）, 森北出版 (2023).

[5] 中村和幸：『統計学』（基幹講座 数学, 基幹講座数学編集委員会 編）, 東京図書 (2017).

[6] 植村誠：『物理のためのデータサイエンス入門』, 講談社 (2023).

# 索引

## 記号・数字

| | |
|---|---|
| 100% 積み上げ折れ線グラフ | 35 |
| 100% 積み上げ棒グラフ | 34 |
| 100% 積み上げ面グラフ | 35 |
| 2 次元量的データ | 72 |

## A

| | |
|---|---|
| AVERAGE | 26, 52 |

## C

| | |
|---|---|
| ChatGPT | 15, 40 |
| COMBIN | 101 |
| CORREL | 74 |
| COUNT | 26 |
| COUNTIF | 28, 94 |
| CSV 形式 | 21 |

## F

| | |
|---|---|
| FACT | 108 |
| FREQUENCY | 45, 79, 93, 110 |

## G

| | |
|---|---|
| Google Gemini | 16 |

## K

| | |
|---|---|
| KURT | 69 |

## M

| | |
|---|---|
| MAX | 59 |
| MEDIAN | 53 |
| Microsoft Copilot | 15, 40 |
| MIN | 59 |
| MODE | 54 |

## N

| | |
|---|---|
| NORM.DIST | 66 |
| NORM.INV | 67 |

## Q

| | |
|---|---|
| QUATILE.EXC | 60 |

## R

| | |
|---|---|
| RAND | 92, 94, 95, 100 |
| RANDBETWEEN | 96 |

## S

| | |
|---|---|
| SKEW | 69 |
| SQRT | 94 |
| STDEV.P | 59 |
| SUM | 26 |
| SUMIF | 28 |

## V

| | |
|---|---|
| VAR.P | 58 |

## あ

| | |
|---|---|
| アクティブセル | 10 |
| 一様乱数 | 92 |
| 因果関係 | 88 |
| 円グラフ | 36 |
| オープンデータ | 21 |
| 折れ線グラフ | 35 |

## か

| | |
|---|---|
| 回帰直線 | 74 |
| 階級 | 44 |
| 確率密度関数 | 66 |
| 可視化 | 31 |
| カテゴリー変数 | 82 |
| 間隔尺度 | 20 |
| 関数 | 26 |
| 疑似相関 | 87 |
| グラフ作成 | 32 |
| グラフの書式設定 | 33 |
| クロス集計 | 82 |
| コーナープロット | 76 |
| 構造化データ | 21 |

## さ

| | |
|---|---|
| 最小値 | 59 |
| 最大値 | 59 |
| 最頻値 | 54 |
| 散布図 | 36, 46, 72 |
| 散布図行列 | 76 |
| 散布度 | 58 |
| シートのコピー | 23 |
| シート見出し | 10 |
| 質的データ | 20 |
| 質的変数 | 20 |
| 四分位範囲 | 60 |
| 集計 | 26 |
| 順序尺度 | 20 |
| 数式バー | 10 |
| スプレッドシート | 9 |
| 正規分布 | 66, 104 |
| 生成 AI | 15, 40 |
| 絶対参照 | 14 |
| セル参照 | 13 |
| 尖度 | 68 |
| 相関関係 | 46, 88 |
| 相関係数 | 73 |
| 相関係数行列 | 85 |
| 相対参照 | 14 |

## た

| | |
|---|---|
| 対数グラフ | 48 |
| 中央値 | 53 |
| 抽出 | 25 |
| 積み上げ折れ線グラフ | 35 |
| 積み上げ棒グラフ | 34 |
| 積み上げ面グラフ | 35 |
| データのインポート | 24 |
| 度数分布表 | 44 |

## な

| | |
|---|---|
| 名前ボックス | 10 |
| 並べ替え | 25 |
| 二項分布 | 100 |

## は

| | |
|---|---|
| 箱ひげ図 | 37, 60 |
| 外れ値 | 46, 54 |
| 範囲 | 59 |
| ヒストグラム | 37, 44, 79 |
| ピボットテーブル | 82 |
| 標準正規分布 | 68 |
| 標準偏差 | 59 |
| 標本調査 | 52 |
| 比例尺度 | 20 |
| 複合参照 | 14 |
| プロンプト | 16 |
| 分散 | 58 |
| 平均値 | 52 |
| ベルヌーイ試行 | 100 |
| 偏差値 | 68 |
| ポアソン分布 | 108 |
| 棒グラフ | 34 |
| 母集団 | 52 |

## ま

| | |
|---|---|
| 名義尺度 | 20 |
| モンテカルロ法 | 91 |

## ら

| | |
|---|---|
| 量的データ | 20 |
| 量的変数 | 20 |
| レーダーチャート | 36 |

## わ

| | |
|---|---|
| ワークシート | 10 |
| ワークブック | 10 |
| 歪度 | 68 |

**117**

**著者紹介**

## 徳野 淳子 (とくの じゅんこ)

福井県立大学情報センター 副センター長・教授

2005年 北陸先端科学技術大学院大学情報科学研究科博士後期課程修了，博士（情報科学），東京農工大学産官学連携・知的財産センター研究員，総合情報メディアセンター特任助手，福井県立大学学術教養センター専任講師，准教授，情報センター准教授を経て，2024年度より現職．

著書に『大学における一般情報教育』近代科学社Digital（2022年，共著），『情報リテラシー（第4版）』森北出版（2022年，共著），『一般情報教育』（IT Text（一般教育シリーズ））オーム社（2020年，共著），『教本Excel演習 第3版』三恵社（2020年，共著）などがある．

## 田中 武之 (たなか たけゆき)

福井県立大学情報センター 准教授

1990年 京都大学大学院工学研究科修士課程修了，博士（工学），福井県立大学情報センター助手，講師，学術教養センター准教授を経て，2023年度より現職．

著書に『情報リテラシー（第4版）』森北出版（2022年，共著）などがある．

## 谷川 衝 (たにかわ あたる)

福井県立大学情報センター 准教授

2008年 東京大学大学院総合文化研究科博士課程修了，博士（学術），筑波大学計算センター研究員，会津大学コンピュータ理工学部特別研究支援者，理化学研究所計算科学研究機構特別研究員，東京大学大学院総合文化研究科助教を経て，2024年1月より現職．

◎本書スタッフ
編集長：石井 沙知
編集：石井 沙知
組版協力：阿瀬 はる美
図表製作協力：菊池 周二
表紙デザイン：tplot.inc 中沢 岳志
技術開発・システム支援：インプレス NextPublishing

●本書に記載されている会社名・製品名等は，一般に各社の登録商標または商標です。本文中の©，®，TM等の表示は省略しています。

●本書の内容についてのお問い合わせ先
近代科学社Digital　メール窓口
kdd-info@kindaikagaku.co.jp
件名に『『本書名』問い合わせ係』と明記してお送りください。
電話やFAX，郵便でのご質問にはお答えできません。返信までには，しばらくお時間をいただく場合があります。なお，本書の範囲を超えるご質問にはお答えしかねますので，あらかじめご了承ください。

●落丁・乱丁本はお手数ですが、(株) 近代科学社までお送りください。送料弊社負担にて
お取り替えさせていただきます。但し、古書店で購入されたものについてはお取り替えで
きません。

Excel／Googleスプレッドシートで学ぶ
# データサイエンスの基礎

2025年1月31日　初版発行Ver.1.0

著　者　徳野 淳子,田中 武之,谷川 衝
発行人　大塚 浩昭
発　行　近代科学社Digital
販　売　株式会社 近代科学社
　　　　〒101-0051
　　　　東京都千代田区神田神保町1丁目105番地
　　　　https://www.kindaikagaku.co.jp

●本書は著作権法上の保護を受けています。本書の一部あるいは全部について株式会社近代科学社か
ら文書による許諾を得ずに、いかなる方法においても無断で複写、複製することは禁じられています。

©2025 Junko Tokuno, Takeyuki Tanaka, Ataru Tanikawa. All rights reserved.
印刷・製本　京葉流通倉庫株式会社
Printed in Japan

ISBN978-4-7649-0736-2

**近代科学社 Digital** は、株式会社近代科学社が推進する21世紀型の理工系出版レーベ
ルです。デジタルパワーを積極活用することで、オンデマンド型のスピーディでサステナ
ブルな出版モデルを提案します。

近代科学社 Digital は株式会社インプレス R&D が開発したデジタルファースト出版プラットフォーム
"NextPublishing" との協業で実現しています。

# あなたの研究成果、
# 近代科学社で出版しませんか？

- 自分の研究を多くの人に知ってもらいたい！
- 講義資料を教科書にして使いたい！
- 原稿はあるけど相談できる出版社がない！

そんな要望をお抱えの方々のために
近代科学社 Digital が出版のお手伝いをします！

## 近代科学社 Digital とは？

ご応募いただいた企画について著者と出版社が協業し、プリントオンデマンド印刷と電子書籍のフォーマットを最大限活用することで出版を実現させていく、次世代の専門書出版スタイルです。

## 近代科学社 Digital の役割

- **執筆支援** 編集者による原稿内容のチェック、様々なアドバイス
- **制作製造** POD書籍の印刷・製本、電子書籍データの制作
- **流通販売** ISBN付番、書店への流通、電子書籍ストアへの配信
- **宣伝販促** 近代科学社ウェブサイトに掲載、読者からの問い合わせ一次窓口

## 近代科学社 Digital の既刊書籍 (下記以外の書籍情報は URL より御覧ください)

**スッキリわかる
数理・データサイエンス・AI**
皆本 晃弥 著
B5　234頁　税込2,750円
ISBN978-4-7649-0716-4

**CAE活用のための
不確かさの定量化**
豊則 有擴 著
A5　244頁　税込3,300円
ISBN978-4-7649-0714-0

**跡倉ナップと中央構造線**
小坂 和夫 著
A5　346頁　税込4,620円
ISBN978-4-7649-0704-1

詳細・お申込は近代科学社 Digital ウェブサイトへ！
URL：https://www.kindaikagaku.co.jp/kdd/

# 近代科学社Digital 教科書発掘プロジェクトのお知らせ

先生が授業で使用されている講義資料としての原稿を、教科書にして出版いたします。書籍の出版経験がない、また地方在住で相談できる出版社がない先生方に、デジタルパワーを活用して広く出版の門戸を開き、教科書の選択肢を増やします。

## セルフパブリッシング・自費出版とは、ここが違う！

- 電子書籍と印刷書籍（POD：プリント・オンデマンド）が同時に出版できます。
- 原稿に編集者の目が入り、必要に応じて、市販書籍に適した内容・体裁にブラッシュアップされます。
- 電子書籍とPOD書籍のため、任意のタイミングで改訂でき、品切れのご心配もありません。
- 販売部数・金額に応じて著作権使用料をお支払いいたします。

## 教科書発掘プロジェクトで出版された書籍例

**数理・データサイエンス・AIのための数学基礎　Excel演習付き**
　　岡田 朋子 著　B5　252頁　税込3,025円　ISBN978-4-7649-0717-1

**代数トポロジーの基礎　基本群とホモロジー群**
　　和久井 道久 著　B5　296頁　税込3,850円　ISBN978-4-7649-0671-6

**はじめての3DCGプログラミング　例題で学ぶPOV-Ray**
　　山住 富也 著　B5　152頁　税込1,980円　ISBN978-4-7649-0728-7

**MATLABで学ぶ 物理現象の数値シミュレーション**
　　小守 良雄 著　B5　114頁　税込2,090円　ISBN978-4-7649-0731-7

**デジタル時代の児童サービス**
　　西巻 悦子・小田 孝子・工藤 邦彦 著　A5　198頁　税込2,640円　ISBN978-4-7649-0706-5

## 募集要項

**募集ジャンル**
　大学・高専・専門学校等の学生に向けた理工系・情報系の原稿

**応募資格**
1. ご自身の授業で使用されている原稿であること。
2. ご自身の授業で教科書として使用する予定があること（使用部数は問いません）。
3. 原稿送付・校正等、出版までに必要な作業をオンライン上で行っていただけること。
4. 近代科学社 Digital の執筆要項・フォーマットに準拠した完成原稿をご用意いただけること（Microsoft Word または LaTeX で執筆された原稿に限ります）。
5. ご自身のウェブサイトやSNS等から近代科学社Digitalのウェブサイトにリンクを貼っていただけること。

※本プロジェクトでは、通常ご負担いただく<u>出版分担金が無料</u>です。

**詳細・お申込は近代科学社Digitalウェブサイトへ！**
URL: https://www.kindaikagaku.co.jp/feature/detail/index.php?id=1